村上裕

ゲイの心理カウンセラーの僕が
あなたに伝えたい7つのこと

孤独な世界の歩き方

イースト・プレス

はじめに

初めまして。

ゲイの心理カウンセラー、村上裕《むらかみゆたか》と申します。

あなたにこの本を手に取って頂き、この文章を目にして頂いていることを、心から、嬉しく思います。

あなたは、数少ない私の家族のひとりかもしれないし、これまでの人生の中で深く縁を結んだひとかもしれません。

今も仲良くし続けてくれている友人かもしれないし、カウンセリングや講座においでくださったことのある方かもしれません。

人生において大切なことを教えてくださった師のおひとりかもしれないし、仕事を共にしてくださった方かもしれません。

これからの未来のどこかで友人になるひとかもしれないし、いつかの未来に何かのかたちで道を交えるひとかもしれません。

もしかしたら、一度もお会いする機会やお声を聴く機会がない方かもしれないけれど、こうして、あなたにこの本を手に取って頂いたことに、心から感謝を申し上げます。

この本を前に、あなたがあなたの命と心を持って、そこにいてくださるということは、私にとって、とても重要で、大切なことです。

あなたが、生きてそこにいてくださるということだからです。

私がゲイ（男性同性愛）というマイノリティの当事者である心理カウンセラーとして、2007年に開業してから、長い年月が過ぎました。

その時間の中で、とても多様で、多彩な方々がおいでくださり、心のことをお話しくださり、ご一緒に解決の道を模索してきました。

カウンセリングと聞くと、心が疲れたひとや心を病んだひとが受ける特殊なものとか、心理カウンセラーに相談をするひと、と聞くと、心が弱い未熟なひと、自分のことを自分で解決できないひとというイメージがあるようです。

それは、全くの誤りです。

なぜなら、カウンセリングを受けにおいでくださる方々は、とても強く、勇気あるひとたちだからです。

生きてゆく中で、心が発するシグナルを見過ごしたり、見て見ぬふりをするのをやめて、心の課題に向き合おうとするひとの、どこが弱いというのでしょうか。

人生の終わりまで気づかないふりをすることもできるのに、それをやめて、よりよい明日を生きようとする試みを始め、取り組むひとは、心に向き合おうとする強いひとです。

心理カウンセラーは、相談者が自分の人生を自らのちからでよくしていこうとするのを、手伝わせて頂いているに過ぎません。

そんなふうに、人生の課題に向き合おうとする方々が教えてくださった、とても大切なことのいくつかを、この本に書かせて頂きました。

この本がどんな本かと問われると、とても難しいな、と思います。
ＬＧＢＴの心理について触れた本、とも言えるし、
様々な心理学について述べた本、とも言えるし、
自己啓発的なワークブック本、とも言えるし、
恋愛やパートナーシップに触れる本、とも言えるし、

人生や生き方を探究する本、とも言えると思います。

どんな本なのだろうということを様々に考えてみて、結局、この本は「読み物」なのだなということでした。

ＬＧＢＴと称されるセクシュアル・マイノリティのひとりとして、
ゲイである心理カウンセラーのひとりとして、
この広く孤独な世界を生きている人間のひとりとして、
伝えたいこと、知って欲しいこと、気づいて欲しいと思うことを書いた本です。

現代は、とても便利な社会になったと思います。

私が子供だった頃には想像ができないくらい、便利な社会。

しかし同時に、孤独な時代でもあるとも思います。

ひとりひとりの個性の尊重が重要視され、多様な人々が暮らす社会の中で、
自分が何者であるのかを常に投げかけられていて、生きる理由や生きる価値を問われ続けている。

この広く孤独な世界では、誰もが自分だけの道を探していて、その道の歩き方を探して

いるように思います。

様々な価値観の坩堝《るつぼ》の中、様々な情報に囲まれて生きてきた時間の中で、いつの間にか形作られた、様々な檻《おり》。

この本が、目には見えない情報と価値観の檻から抜け出す手助けになり、あなた自身の人生を生きてゆくことの一助になれば幸いです。

この本のはじめに、私が、カウンセリングという人生と心を見つめる時間の中で大切にしている言葉をお贈りします。

あなたの人生にとっての正解は、どこかにあるわけでもなく、どこかに用意されているわけでもない。

ままならない感情に揺り動かされ、簡単には答えが出ないことに悩み、無限にも思えるたくさんのことを考え、

そうして、あなたの心が出した答えが、あなたの人生にとっての正解です。

人生の答えは、外に落ちているものではなく、あなたの心の中から見つけ出すものです。

あなたと私が共に生きる、この広く孤独な世界を生きてゆくための人生の答えが、あなたが主人公となって歩く心の旅の中で、見つかってゆきますように。

カウンセリングルームP・M・R
ゲイの心理カウンセラー　村上裕

目次

6 仕事の「意味」を変える

7 孤立社会を生きる

装画―大槻香奈
装丁―アルビレオ

孤独な世界の歩き方

セルフヒストリー

絶望感

自分への違和感

私が自分のセクシュアリティがゲイ（男性同性愛）と呼ばれるものと知ったのは小学校5年生の頃でしたが、男性に対する強い興味は3〜4歳の頃からありました。

私は母子家庭に育ったので父の顔は知らず、小さい頃には大人の男性と接した経験もありませんでした。

なので初めて接した大人の男性は、当時、母がデートしていたひとで、その男性の娘さんたちを交えて遊園地に行ったことがありました。

そのとき、生まれて初めて肩車というものを経験するのですが、私を抱き上げるときの男性の筋肉のしなりや、ゴツゴツした骨格や筋肉の感じに、とてもドキドキしたのを憶えています。

私は生まれてすぐに両親が離婚して母に引き取られたこともあって、乳児の時期から施設に預けられていました。

託児施設と呼ばれる種類の施設で、保護者が働いているなどの理由で子供の世話ができないときに預けられる施設です。

その施設で私は物心がつく頃には保母からの虐待を受けていて、毎日の暴力に怯《おび》える中、施設に保母を抑止《よくし》してくれるような大人の男性はおらず、とても心細かったのを憶えています。

施設の外で大人と会うという環境や、初めて触れる大人の男性に強く興味を惹《ひ》かれたのは、そういった要因もあったのだと思います。

現在の科学的研究によって、性的指向や性同一性や性別は、先天的なものと言われています。同性愛も先天的な性質として生まれ持ち、後天的な環境要因によってその性質が顕在化してゆくと言われていますが、その説に則れば、私にとっての環境要因は、父親の不在や様々な人々との交流だったと思います。

次に明確に同性に強く関心を惹かれたのが、幼稚園の頃。

あるとき、転園してきた男の子がいて、その子だけ、皆と違う服を着ていました。

皆が黄色い園児服を着ている中、その子はグレーの園児服を着ていて、なんだかとても目立っていました。

そして、幼稚園生だった当時から好みがあったかのかはわかりませんが、彼をかっこいいなあ、と感じていました。

小学校にあがると、同じ託児施設で育った子供たちからの虐《いじ》めが始まって、クラスメイトとの関わりは穏やかなものではありませんでした。そんな中、少しずつ、自分が女の子よりも男の子のほうに強く興味があることを自覚していきます。

この頃はまだ小学生で恋愛ということもよくわかっておらず、また、インターネットもない時代でしたから、自分が他の男子とは恋愛対象が異なることは明確に自覚していませんでしたが、なんとなく、違和感を感じていました。

自覚と恐怖

ある夜のこと、テレビのバラエティ番組で、海外の男性同性愛者の支援グループを日本に招くというような番組を観ました。

そのとき、母が「観ちゃいけません」と言ったのを、とてもよく憶えています。

そのとき、私はその番組に強い興味があって、じっと見入っていました。

その番組では、白人の男性たちがたくさん映っていて「ゲイを見分けることができる」と言い、髪が短いとか、動きがしなやかとか、顔立ちが特徴的、と言っていたのです。

そういった特徴が自分に当てはまっているかはわかりませんでしたが、「ゲイとは、男性が好きな男性のこと」と紹介されたとき「ああ、自分はこれなのだ」と感じました。

そのとき私はようやく、自分の違和感がなんだったかを理解しました。


みんなは異性を好きになる。

でも、自分はたぶん、同性が好きなんだろう。

自分は、みんなとは違うのだ。


と、明確に実感したとき、深い恐怖や怯えが自分の心の中にうまれました。

なぜなら、その頃の私は「母子家庭というみんなとの違い」「明るく積極的でないというみんなとの違い」によって、虐めを受けていたからです。

自分の違和感の正体がわかった嬉しさや興奮が一気に消えて、小学校に行くことが怖くなりました。

自分を虐めているクラスメイトたちもこの番組を観ていて、自分を虐めるレパートリーが増えるように想像したのです。

そして翌日。案の定、私は、自分を虐めるクラスメイトたちから「オカマ」「ホモ」という言葉を受け、その言葉が差別的に男性同性愛者を示す言葉であることや、差別という言葉の意味をお昼休みに図書館の辞書で知り、「男性同性愛者はホモと呼ばれて差別をされるもの」だと理解したのです。

テレビによって、やっと見つけたゲイという自分の答えを否定することはできず、自分は差別や暴力を受けても仕方がない人間なのだと感じました。

物心がついた頃には母子家庭ということで施設での虐待があり、学校でも虐めを受けていました。そのことに心のどこかでずっと、抵抗をしていました。

うまく言葉にはできませんでしたが、そういった暴力は理不尽なものと感じていたのです。

しかし、図書館の辞書を読んだとき、私の中にあった抵抗するちからは失われました。

私が、私自身に対して悲しみと憎しみを感じ、自分への差別をうみだしたから。

周囲の人間たちから自分に向けられる暴力と差別を、受け容《い》れた瞬間でした。

そして「自分が同性を好きだということを、絶対に家族に知られてはいけない」と、強く思ったのです。

同時に「家族に知られないために、他人に知られてはいけない。だから、他人を信じてはいけない」と、強く心に思いました。

小学校の5年生、10歳か11歳の頃でした。


自分への差別と暴力を受け容れた後、殴られたり、蹴られたり、追いかけられたり、貶《おとし》められる言葉を受けたり、給食にいたずらをされたり、そのひとつひとつを受けるたび、私の心は、少しずつ死んでいきました。

失われた現実感の中で、虐めを受ける自分を遠いところから眺めるように毎日を過ごしながら、諦めが心の中を満たしていきました。

殴られたり追いかけられたりしながら、〝早く誰か自分を殺してくれないかな〟と思い、階段を下りたとき、自分が降りてきた階段を見上げながら、足を滑らせて転落死できなかったことを、残念に思いました。

放課後に、雨が降る校庭に立って、自分に雷が落ちるのを待ちながら、いつまで待っても落ちてこない雷が雲の中で光るのを、悲しい気持ちで見上げていました。

そうしていくと、不思議なもので、暴力を受けても身体が痛みを感じることがなくなり、同時に、感情も動かなくなっていきました。

この状態が離人症と呼ばれるものであったことは、大人になって、心理学を学んでからわかったことです。

けれど、どれだけ自分の感覚を失わせて、身体の痛みを感じなくなり、感情が動かなくなっても、私は、いきものだったのです。

明確な恋愛感情と性的な反応を感じる気持ち。

初恋です。

それは、中学生の頃でした。

同性への初恋

小学校のクラスメイトの一部は、そのまま中学校でもクラスメイトになったので、中学校でも虐めは続きました。

小学校の頃と比べ、より精神的な虐めの割合が増えていきました。

休み時間にトイレに行くと、そこには小学校から私を虐め続けるあるクラスメイトがいて、そのひとは殴らなくなった代わりに、残酷な言葉を言うようになりました。

そして、虐めの現場は、部活の時間に移るようになります。

卓球部に入部して少ししてから、部活の先輩が「村上ってホモなんだって？」と、ニヤニヤと笑いながら言うようになったのです。

この頃から、時々、言葉が聞き取れないことが起こり始めます。

誰かが何かを話していても、急に音が聞こえなくなって、無音になるのです。

目では誰かが話しているのがわかるのに、全く音が聞こえない静かな光景を、不思議に思っていました。


この頃、クラスには不登校の男子がいました。

彼の家には何か事情があって、家の仕事を手伝うために中学校に来ていないと聞きました。

どんなひとなんだろう、と思いつつ、いつものように自分を殺してくれる誰かを漠然と待っていたある日、見なれない男子がクラスにいることに気づきました。

目があったその男子は、まっすぐ近づいてきて、私の名を呼びました。

親しみを込めた声で、当たり前の人間のように。

「お前」や「あいつ」ではなく、私の名前を。

そうして、そのときに起こった現象は、とても不思議でした。

世界に、色がついた。


としか、表現のしようのない、不思議なできごとです。

このとき、私は初めて、世界には色があることに気づいたのです。

机は茶色で、制服は黒、黒板は緑色で、目の前のひとは黒髪で肌色、少し茶色がかった目をして、自分に笑いかけている。

彼が私の名を呼んでくれたこの瞬間の記憶はとても曖昧で、ただただ大きな情報が自分の中に一気に流れ込んできて、目眩《めまい》のような感覚がしたことを憶えています。

それと、窓の外に広がっていた空が、とても青かったことを。


それまで私にとって、他人というのは、自分に暴力をふるうのかふるわないのか、暴力をふるうとしてそれは言葉か身体か、という違いしかなく、それ以外のことというのはあまり重要ではありませんでした。

世界が何色をしていても、私にふるわれる暴力には関係がなかったので、それはどうでもよいことだったのです。

言葉は私を攻撃するかしないかの違いしかなく、それ以外の言葉はただの音であり、文字は、ただの記号だったのです。

自分を人間として認め、名前を呼んでくれた。

そう感じられる彼の声はきちんと聴こえ、彼の笑顔は脳裏に鮮やかに焼きつきました。幼少から、ただただ無感動に流れる時間を過ごすだけのモノであった私が、自分の中に「人間」を見いだした瞬間だったのかもしれません。

それから彼はまた学校を休むようになるのですが、彼が登校しない日には深くがっかりする自分を自覚しながら、彼が登校している日はそれだけで嬉しい気持ちが溢れ、彼が視界に入るだけでドキドキして、そちら側をあまり見られない、でも、何でもいいから話したくて、一生懸命に話しかけてみる、そんな時間を過ごすようになりました。

そして、彼だけに感じる性的な感覚もまた、明確に自覚していきました。

感情を取り戻したのか、あるいは、感情と呼べるようなものを初めて実感したのか、どちらにしても、世界に色がついてからの毎日は、とても充実していたと思います。

けれど、感情を感じるようになったためか、それまでは無感動に傍観できていた虐めのひとつひとつに強い痛みを感じるようになったので、この頃の記憶はとても曖昧で、ところどころが抜け落ちています。

全てへの怒り

ある冬の日、お昼休みにクラスの担任が、私を呼びました。

担任席は窓際にあり、近くにあるストーブが、ちょっとだけ熱かったのを憶えています。

不思議に思いながら担任席に近づいた私に、担任は、こんなことを言いました。

「村上くん、彼のことを虐めてるんじゃないの？」

なぜか、と聞いたとき、担任は、私が彼とよく話をしているから、と言いました。

彼が不登校なのは、家の事情だけでなく、私が彼を虐めているからではないかと、担任は想像したようなのです。

一瞬、何を言われているかわからず、しかし、少ししてから、強烈な感情が、身体の芯から噴き出してくるような感覚で湧き上がってきました。

とても激しく、痛いような、灼《や》かれるような、衝動的な感覚を伴う感情でした。

それは、「怒り」でした。

どれだけの暴力を受けても起こらなかった感情が、初めて、自分の内側にうまれたのです。


呆然とする中、ストーブの上に置かれたタライに入ったお湯がふと目に入ったとき、このお湯をかぶってここで死ねば、担任は私の無実を理解するだろうか、と、考えました。

そのとき、私がどんな返事をしたかは憶えていませんが、担任の疑念はこの後もずっと続くこととなり、彼がたまに登校してくるときに私が彼と話していると、会話に割り込んでくるようになりました。

そうして私は、彼に話しかけるのをやめるようになりました。

彼が他のクラスメイトと楽しそうに話しているのを見て、彼が笑っているならそれでよいと思いながら、彼を見るのもやめるようになりました。

それから先の中学の記憶は、あまり憶えていません。

ただひとつ鮮明に憶えているのは、ある日、別のクラスに日直の当番で回覧板を届けに行ったときのこと。

ちょうどホームルームをしていて、そのクラスの担任が話している中に入っていったのですが、回覧板をそのクラス担任に渡し、教室を出ようとしたとき、

「オカマちゃんが来た〜！」

という、笑い声が聴こえました。

その声のほうを向くと、楽しそうに笑いながらこちらを見る、二人の生徒がいました。

その二人のうち片方のひとは、小学校の頃、私とぶつかったときに「汚い」と言って、手を洗ったひとでした。

どうしてよいかわからず、そのまま教室から出ようとしたとき、そのクラス担任が笑いながらその二人に何かを言っていたのですが、このとき、音が全く聴こえなくなる現象が起こっていたので、何を言っていたのかはわかりませんでした。

同じように笑う、名前も知らないひとたちが視界に入る中で扉を閉め、そこで、この記憶はおしまいです。

そんな中学生活がどんなふうに終わったかはよく憶えていないのですが、部活で身体を動かし、汗を流しているときの気持ちよさだけが、感覚として残っています。汗を流しているときの無心な気持ちが、ただただ、穏やかでした。

高校に入ると中学校のクラスメイトたちの多くはバラバラになりましたが、ひとりだけ、同じ高校に入ったクラスメイトがいました。

高校では別なクラスだったのであまり話すことはありませんでしたが、彼女は、私を虐めなかった中学のクラスメイトの中でも、好意的に接してくれていたひとのひとりで、同じ高校にそんな人物がいることは、とても心強いことでした。

そしてもうひとり、幼なじみの女の子が同じクラスになりました。

彼女は、中学は違いましたが、親同士の仲が良かったので、よく会っていた女の子でした。

初めて会う高校のクラスメイトたちと上手に関わることができず、その結果、クラスメイトの多くに嫌われることになってしまう中、彼女の存在はとても大きなものでした。

この頃、私はもう少し自分の性的指向に自覚的になり、知識も増えていましたが、性的指向が先天的なものということは知らなかったので「頑張れば異性愛者になれる」と思っていました。

しかし、その子が親しくしてくれても友人としての好意を超えないことや、水泳の授業で水着姿のその子を見ても何も感じない自分を自覚します。

一方で、体育を担当していた男性教師を見ると、ドキドキしてしまうのです。

異性を好きになりたいのにそうできず、同性に対して明確に性的な感情を感じる自分。

クラスの中では、男女間の恋愛話が話題になり、休み時間には仲良く話す男女を見かける。

そんな中、同性愛者の自分がとても汚らわしく、恥ずかしい存在と感じるようになりました。

周囲のクラスメイトとどう関わってよいかわからず、グループには入ったものの、恋愛の話題になるとどうしてよいかわからない時間が増えていきました。

たまに何かの拍子で同性愛の話題になったとき、顔をしかめたり、気持ち悪いと笑うクラスメイトたちを見ながら、やはりこれは知られてはいけないことなのだ、と感じました。

自分が同性愛者であることにどんどん自覚的になる一方、そんな自分をどう扱えばいいかわからない、漠然とした不安や恐怖が強くなっていきました。

商業系の高校だったために様々な資格を取得することができたのですが、資格を取れると自分の価値が増えるような気がして、勉強に夢中になれたことは、救いだったように思います。

中学校までのようなダイレクトな暴力ではなく、修学旅行でグループから外されてしまう、ということや、クラスメイトたちが私と関わるときの態度が攻撃的である、というような状態で、その環境は深い恋愛の話題にならないためには好都合でした。

部活という、身体を動かしたり、汗を流すことに夢中になれる場があったことも救いだったと思います。

できる限り深い人間関係はつくらず、できるだけ目立たないように過ごそう。

誰かを好きになってしまうとそれはきっと同性だから、誰も好きにならないように、性的な興奮を感じるときには、自分の感情や感覚を押し殺しながら、やり過ごす。

いつかやってくる死を待ちながら。

学校の外に広がる世界

しかし、家計のためにスーパーでアルバイトを始めたことが、大きな転機になりました。

学校ではない、もっと大きな「社会」という世界があって、その学校ではない世界では、大学生という年長の人々や、社会人という大人の人々との関わりがある。学校という場所だけが世界の全てではなく、学校の外に広がる世界のほうが広大だと実感したとき、大きな孤独感と、自由を感じました。

そして、アルバイトで出会った大学生の先輩に、かすかな恋を感じるようになります。その先輩も男性で、どうしようもなく同性愛者である自分を自覚するのですが、あるとき、先輩が悩み事を話してくれたとき、その会話の中に死という単語がありました。

その先輩は、今の時代で言うところの、うつ病だったのです。

死というものを共通話題にできた私たちは、何かの仲間のような意識を感じながら、仲良くなっていきました。

互いの死にたい気持ちをポツポツと話しながら、異性愛者の先輩と、同性愛者の自分に、共通する気持ちがあることを不思議に思いました。

自分は、ほかのみんなとは違う異常な存在のはずなのに、どうして異性愛者の先輩と同じ気持ちを感じるのだろう、そう不思議に思ったのです。

自分が異常な存在だとしたら、正常な存在である異性愛者の先輩と共通する気持ちを感じるのは、どうしてなのだろうと、疑問に思ったのです。

「このひとになら、話せるかもしれない」

そう感じ始めたある日、アルバイトが終わったときに、自分が男性同性愛者であることをカミングアウトしました。

先輩は、

「正直、同性愛のことはよくわからないけど、死んでしまえばみんな同じだよね。自分は彼女ができないけど、そのことで死にたくなるよ」

と言いました。

先輩の言葉の真意はよくわかりませんでしたが、私がゲイであるということは、死という、私たちの共通の話題よりも、ずっと軽かったのです。

それ以降も先輩は私への態度を変えず、それまでと何も変わらない関係が続きました。かつて、様々な人々が私をホモやオカマという言葉で攻撃したのに、全く態度を変えないひとがいることは、とても不思議なことでした。

彼女ができないと悩み、死にたいと言う先輩の話を聴きながら、自分より歳上だったり異性愛者のひとだからといって、苦しまないわけではないのだな、とも思いました。

そして、私も先輩も、死にたいのは、死にたくなるくらいに苦しい何かがあるからだと気づきました。

私は、自分が同性愛者であること。

先輩は、彼女ができないこと。

理由が同じでなくても、死にたいと思う気持ちは同じなんだと気づいたとき、なにか、自分がボタンを掛け間違えているような感覚を感じました。

よくわからないけれど、自分はとても大切ななにかを、深いところで間違えているような気がしたのです。

そんなある日、商品の陳列作業をしに売り場に出ていたとき、

「あっ、村上！」

と、私を呼ぶ声がしました。

仕事のスタッフが呼ぶのとは違う、個人的な響きで私を呼んだ声に、何か懐かしさのような気持ちを感じながら振り返ると、そこには、初恋の彼がいました。

最初に出会ったときと同じ、満面の笑顔を浮かべて。

猫がじゃれついてくるように飛びかかってきて、嬉しそうにハグをする中、彼からよい匂いがして、ああ、この間並べたあのシャンプーの匂いだな、と思いました。

アルバイトが終わった後、私と彼は、スーパーの駐車場で話をしました。

彼の家は工事業者で、彼のお父さんは社長をしていること。

工事の仕事を中学の頃から彼も手伝っていて、今日も仕事をしたこと。

家の仕事をするために、高校には行っていないこと。

仕事の後に風呂に入り、夕食を買いにスーパーに来て、商品を並べている私を見つけたこと。

私だとすぐにわかって、名前を呼んだこと。

私を見つけて、嬉しいと思ってくれたということ。

笑いながら、彼は私に話してくれました。
最初に出会ったときと同じ、人間として私の名前を呼んでくれたときと、同じ声で。

そして、私も話しました。
母子家庭で、父の顔を知らないこと。
母は遅くまで働いていて、夜中まで帰ってこないこと。
猫を飼っていること。
仕事が面白いこと。
中学の頃から働いている彼を、凄いと思うこと。

でも、
自分が彼を好きだったこと、
こうして話している今も、好きな気持ちを感じていること、
自分がゲイであること、
ずっと昔から死にたいと思ってきたことは、
言えませんでした。

彼と話しているときの自分がどんな表情だったかは、わかりません。

ただ、いつかは彼に話そうと思いました。

好きだという気持ちも、一緒に。


中学の頃、クラスメイトのまま卒業して、その後会うこともなくなった私たちは、この夜、再会をして、友達になりました。


それから、彼はたまに夜のスーパーに来るようになり、私の仕事が終わるのを待っていてくれました。

高校の時間はきゅうくつだったけれど、アルバイトに行けば、ゲイである私を攻撃しない先輩がいて、アルバイトが終わった後には、初恋の彼と話したり、少しだけ遊ぶこともできる。

高校に行く時間は暴力の標的にならないようにやり過ごし、学校が終われば、すぐにアルバイトに行く。

今日は彼は来るのかな、と楽しみにしながら仕事をして、来ないときには寂しさを感じながら、明日は会えたらいいなと思う。

彼が来てくれたときには、いつもは少しゆっくりな着替えの時間を手早く片付けて、ワクワクしながら彼が待っている駐車場へ走って向かう。

ある日、彼は、仕事の関係で免許を取るために教習所に通っていると話し、給料で車を買ったら、助手席に乗せてくれると約束をしてくれました。

「早く免許を取ってね」と私は言い、いつかのその未来は、なにかキラキラした素適なもののように感じました。


この時期、アルバイトの時間で得たお金の一部を自分で使うことができたのですが、このことは、働く楽しさに繋がりました。

自分で得たお金は、自分のために使うことができる。

お金を貯めて、欲しいものを買ったり、彼と買い物をしたり、先輩と食事をしたりする。

働くということは、自由に生きられるようになるということかもしれない。

社会に出るというのは、自由になることと同じかもしれない。

母親は生活のために複数の仕事を掛け持ちしていて夜中まで帰って来ず、それはとても寂しいことでしたが、お金を稼ぐことのできるアルバイトの時間や、終わった後に先輩や彼と遊ぶ時間は、とても掛け替えのない時間でした。

死ぬこと、生きること

この頃、ちょうど社会では家庭用のインターネットと、個人用の携帯電話が普及し始めていました。

資格の勉強のためにアルバイトの給料でパソコンを購入したのですが、インターネットで「ゲイ」という単語を調べたとき、そこには、学校では知ることのない膨大な情報と、自分と同じゲイであるという人々が交流する小さなコミュニティがありました。

また、女性の同性愛者であるレズビアンの人々のインターネット・コミュニティを見つけ、男性はお断りという文字を読んだとき、同性愛者同士であっても、男女のコミュニティに存在するへだたりを感じました。

インターネット上のコミュニティを見つけるのと同時に、同性愛に対する大きく膨大な悪意ある言葉にも出会い、社会には、同性愛者への大きな差別が存在することを知りました。

調べれば調べるほど出会う新しい情報の中で、新宿二丁目という同性愛者の人々が集まる街が、東京にあることを知ります。

福島県という閉ざされた場所に住む私にとって、東京という都会や、新宿二丁目という街は、まだ見たことのない特別な場所のように感じられました。


匿名《とくめい》だけれど自分と同じゲイの人々と行う楽しく穏やかな交流を眺めながら、尽きることなくインターネットの検索結果に表れる、同性愛への差別の言葉。

やっぱり自分は生きていてはいけない存在なんだと感じたとき、スーパーのアルバイトが終わるのを待っていてくれる彼の笑顔を思い出し、言い知れない罪悪感や、異性愛者ではない自分に劣等感を感じました。


相反するふたつの情報に混乱をしながら、インターネットを通じて、自分と同様に、死を望む人々とも知り合いました。

死を望む人々は、私とは全く異なる環境だったり、ときには似た環境の中で、セクシュアリティに関係なく、年齢も多様な中で、ただひとつ、死という共通のものを望んでいました。

死とはなんだろう。

そもそも、生きるとはどういうことだろう。

自分はもうずっと長い間、死を願い、いつか死ぬのを待ってきたけれど、「生きる」ということをしてきたのだろうか。

そんな問いかけが心の中でうまれ、自分に擦り寄ってくる猫と自分は、命としてどんな違いがあるのだろうと考え始めました。


好きな男の子や好みの男性のタイプを話す、女子のクラスメイト。

同様に、好きな女子や好みの女性の話題に盛り上がる、男子のクラスメイト。

大好きだけど、恋愛感情を感じることのない幼なじみの女の子。

格好良くてドキドキする、体育の先生。

自分がゲイであることを知っている、少し好きなアルバイトの先輩。

時々会いに来てくれる、大好きな初恋の彼。

顔も見たことはないし、名前も知らないけれど、友達と呼んでよいかもしれない、インターネットで知り合うゲイの人々。

同様に、顔も見たことはないけれど、死という話題を共有できる、異性愛者の人々。

心の中で少しずつ大きくなる、まだ見ぬ新宿二丁目や東京への憧れ。

言葉は通じなくても、確かに意思の疎通ができる、人間ではない小さな命。

整理しきれないたくさんの気持ちを感じる日々を過ごしながら、高校3年生の、ある冬の夜。

夜の11時頃、だいぶ遅い時間にもかかわらず、突然鳴った電話。

その電話は、初恋の彼が亡くなったことを知らせる、訃報《ふほう》の電話でした。

中学校のクラスメイトは、泣きながら、彼が首を吊って自殺したことを教えてくれました。

当時、彼女が学級委員長だったことを憶えていた彼の両親から連絡を受け、中学時代の連絡網の連絡先を見て、女子たちへ順番に連絡していったそうです。

女子全員への連絡を終えたところでもう耐えきれなくなり、ふと目に入った私の名前を見て、男子への連絡を頼みたいと思って電話をしたとのことでした。

電話の向こうで泣いている彼女の声を聞きながら、これは、何か自分の役割であるような気がして、私は、男子への連絡を引き受けました。

連絡網の一番最初の名前に電話をかけ、

「彼が、死んだって」


自分でもびっくりするくらい冷静な声で、そう伝えて。

免許を取ったら助手席に乗せてくれると約束したときの、彼の笑顔を思い出しながら。

これをあと何回言えばいいいんだっけ、と、ぼんやり考えました。


翌朝、高校に登校し、顔を合わせたクラスメイトに、大切なひとが死んでしまったことを伝えたとき、

「朝からそんな暗い話してんじゃねーよ！」

と言われ、ああ、この世界は、悲しむこともさせてくれないんだ、と思い、そこから記憶はぷつりと途切れます。


次の記憶は、彼のお葬式。

棺《ひつぎ》の蓋は開けられておらず、ただ、彼の遺影とたくさんの花が会場に敷き詰められていました。

閉じられた棺を眺めながら、ああ、あの笑顔はもう見れないんだ、とふと思った瞬間、何かよくわからない暗いものが心の底から湧いてきて、そこで、記憶はぷつりと途切れます。

それからの時間はとても曖昧で、どれが現実にあったことで、どれが想像だったのか、区別がつきません。

ただひとつ「このままここにいたら、自分は死ぬだろうな」という強い確信だけがあって、その一方で、それはしてはいけないことだという強い気持ちがありました。

当時は不思議に思っていましたが、心理学を学んでから、この頃の私には、死にたいという強い願望と、死んではいけないという強い理性が、同じくらいの強さで同時に存在していたのだと理解しました。

どうして、自分は生きているんだろう。

彼がいなくなった世界を感じながら、彼がいないのになぜ自分は生きているのか、ぼんやりと不思議に思いました。

彼が名前を呼んでくれたから、世界は色鮮やかになったのに。

彼がひととして接してくれたから、自分は人間になれたのに。

彼が笑ってくれたから、自分も笑えたのに。

彼を好きになったから、自分がゲイでもいいかなって、少しだけ思えたのに。

彼が助手席に乗せてくれると言ってくれたから、これからの未来を楽しみに思っていたのに。

彼がいることが、生きていられる理由だったのに。

彼が、僕の世界の全てだったのに。


どうして彼は、もういないんだろう？

色のなくなった世界の中で、そう問いかけたとき、私は、彼にもう好きだと告白できなくなったのだということに気づきました。
名前を呼んでくれてありがとう、も、
人間にしてくれてありがとう、も、

世界にはこんなに色が溢れていることに気づかせてくれてありがとう、も、
あなたが好きで、どれだけ自分が嫌いで死んでしまいたくても、あなたを好きな気持ちがいつも引き止めてくれていて、生かしてくれてありがとう、も、
もう、伝えられない。

ああ、こういうことが死なんだ。

この世界からいなくなってしまうって、ありがとうも、ごめんねも、言えなくなることなんだ。

友達のままでも、彼と生きてゆける未来が希望だったんだ。

どうして彼が死ぬ前にそんなことがわからなかったんだろう、と、泣きながら思いました。

自分が同性愛者じゃなかったら、もっともっと早く、彼にありがとうと伝えられたんだろうか、と考えて、そうして私は、ゲイである自分を憎むようになりました。

きっと、そのときの私は、誰かに悲しみや憎しみを向けなければ耐えられなくて、でも、憎めるほどに執着している誰かがいなかったので、自分を憎んだのだと思います。

1 「普通」をやめよう

自分を好きになるということ

幼少期からの頃を振り返ってみると、私は、様々な意味で「普通」ではなかったのだと思います。

ゲイであり、母子家庭に生まれ、虐待環境に育ち、初恋のひとは亡くなり、精神疾患の診断を受け、外に出れない引きこもり。

自分とは違う「普通のみんな」のキラキラした姿を眺めてきました。

普通ではない自分を感じるたびに、普通のみんなに憧れ、幸せそうに見えていました。

普通のひとは、自信がある。

普通のひとは、他人と自然に話せる。

普通のひとは、言いたいことが言える。

普通のひとは、ひとと仲良くできる。
普通のひとは、友達がたくさんいる。
普通のひとは、趣味がある。
普通のひとは、定職に就ける。
普通のひとは、お金がある。
普通のひとは、心が安定している。
普通のひとは、自己肯定感がある。
普通のひとは、ゲイじゃない。
普通だから、幸せ。幸せになるには、普通でないといけない。
普通が欲しくて、普通になりたかった。
私にとって、普通であることは幸せであることと同じだったのです。
私は、普通になれば自分を好きになれる、と思っていました。

ゲイであることをオープンに心理カウンセラーという仕事をしていると、よく「セクシュアル・マイノリティである自分に自信がない」というご相談を頂きます。
「なぜそう思うのですか？」と尋ねると、多くの方はこう仰《おっしゃ》います。

「普通ではないから」と。

そんなふうに感じておられる方とお話をした後、私はいつも、同様に思い込んでいた頃の自分を思い出します。

「普通」であることと、自分を好きになることは、本当は全然違うのを知らなかった頃の自分を。


自尊心という言葉があります。

昨今では、自尊心教育という言葉も登場してきました。

自尊心を持つことは、確かに、とても大切です。

ただ、多くの方が自尊心を誤解しているのかもしれません。


自尊心は、社会心理学の中でも特に私たちひとりひとりに深く関わるテーマで、関連する言葉も数多くあります。

自己効力感と自己無力感、自己肯定感と自己否定感、優越感と劣等感、存在理由と存在価値、そして、自己価値と自信。

自己効力感は、自分が他者（自分の外に存在する全ての人物や事象）に影響を与えられるのだと感じられること。

自己無力感は、自分は他者に何の影響も与えるちからがないと感じること。

自己肯定感は、自分から自分に向ける肯定的な感覚のこと。

自己否定感は、自分から自分に向ける否定的な感覚のこと。

優越感は、自分が他者よりも優れていると感じること。

劣等感は、自分が他者よりも劣っていると感じること。

存在理由は、自分がこの世界や社会に存在していてよいと思える理由のこと。

存在価値は、自分がこの世界や社会に存在する価値のこと。

自己価値は、自分から自分に感じる価値のこと。

自信は、自分はなにごとかをできる、と信じられること。

自尊心は、自分を尊ぶ心、自分を尊いと感じられること。

と、いうように解釈ができます。

こんなによく似た言葉があると、なんだかクラクラしてきますよね……。

つまり、多くの方々がしているかもしれない誤解は、自己価値を高めれば自己肯定感も高まる、という誤解です。

高価なブランドを身に着けたり、たくさんの資格を取得すれば自己肯定感が高まると誤解している方は、とても多いのではないでしょうか。

ゲイじゃなくなれば自分を好きになれる、みんなと同じになれば自分を好きになれる、そんなふうに間違った思い込みをしていた、かつての私のように。

自己肯定感は心の中にある

自己価値は、自分にどれだけの価値があると思うか、ということなのですが、これは、物差しの目盛りやテストの点数のようなものです。

例えば、百点満点のテストで百点が取れれば良い、0点は悪い、という価値観はありませんか。

また、高価なブランドは良いもの、安価なものは悪いもの、という価値観はどうでしょう？

たくさん資格があれば価値があるように思い、何も資格がなかったら無価値のように思う、ということはありませんか？

どんな高価なブランドを身に着けていて、どんな資格を持っていたとしても、それによって向上するのは自己価値であって、自己肯定感ではありません。

高価なブランドやたくさんの資格は、あなたの外側に身にまとうものであって、あなた自身ではないからです。

自己肯定感は、目盛りや点数ではなく、積み上げ式の心のレンガのようなものです。

自分の心の中にある、ひとつずつのレンガ。そのレンガを積み重ねていくと、壁になり、屋根になり、扉になり、やがて、家になります。

自己肯定感でつくられた家は、とても安全な、心の居場所。

他の誰でもない、自分自身でつくり上げた手づくりの家は、誰にも壊されません。

親にも、周囲の人々にも、社会のルールも、誰も壊すことはできません。
自分を肯定するレンガは、自分はこんなことができる、自分のこんなところが好きだな、と思えたら、なんでもよいのです。
晴れた空を見上げて気持ちいいなと感じる自分は素適だな、とか、
美味しいものを食べて嬉しくなる自分って楽しいな、とか、
友達を大切にしたい自分って好きだな、とか、
あのひとを好きだと思う自分って嬉しいな、とか、
毎日、学校や仕事を頑張っている自分ってよくやってるな、とか、
毎日を良くしようと努力している自分っていいな、とか、
大変なことがあっても生きることをやめない自分って偉いな、とか、
あなたが、あなた自身を肯定することができるなら、なんでもよいのです。
自己肯定感のレンガは外に落ちているものではなくて、心の中にもうあるものだから。

「普通」になっても幸せにはなれない

また、劣等感をなくせば自己肯定感を得られるのだ、という誤解も多いように思いま

す。

劣等感は、自分が他者より劣っていると感じることや、自分を恥ずかしいと感じることですが、劣等感をなくしていっても、自己肯定感がつくられるわけではありません。

劣等感は、他人と自分との比較の中からうまれる感覚です。

比べるべき他人が存在しないとき、劣等感はそもそもうまれることはありません。

あのひとはできる、でも、自分はできない。

あのひとは持っている、でも、自分は持っていない。

そんなふうに、他人と自分を見比べるとき、劣等感はうまれます。

「普通のみんな」と、「普通じゃない自分」を見比べるときみたいに。

例えば、みんなと同じ普通になって、あるいは、みんなより優れたひとになっても、あなたがあなた自身を肯定しない限り、自己肯定感はつくられないのです。

例えば、私は、ゲイであり、母子家庭に生まれ、虐待環境に育ち、初恋のひとは亡くなり、精神疾患の診断を受け、外に出られない引きこもりでした。

これまで出会った人々の多くは、ゲイではなくてストレート（異性愛者）だったし、

これまで出会った人々の多くは、両親がいて、

これまで出会った人々の多くは、虐待を受けたことはなく、
これまで出会った人々の多くは、初恋のひとは今も生きていて、
これまで出会った人々の多くは、精神疾患の診断を受けたことはなく、
これまで出会った人々の多くは、自由に外に出ることができる。
見比べれば見比べるほど、自分が普通じゃないと思い知らされるような気がして、劣等感は深まり、自己否定感が積み重なっていきました。
みんなと同じ「普通」になるために、ストレートのように女性に興味があるふりをしたし、親と仲がよいはずだと思い込んだし、虐待は過去のことだと忘れようとしたし、常に恋人をつくり、精神疾患を回復して、資格を取り、技能を身に着け、結婚と同様の法的関係を模索しました。
頑張れば頑張ったぶんだけ、私は、どんどん「普通」に近づいていきました。
けれど、自分自身をどれだけ「普通」に近づけても、心の中にある虚しさや孤独感、自信のなさは消えなくて、いつまで経っても自分が嫌いなままでした。
そして、ひとつの劣等感を消しても、次々に新しい劣等感がうまれてきて、劣等感を消し切ることはできなかった。
みんなと同じように「普通」になっても、私は、幸せにはならなかったのです。

誰かに自分を価値づけしてもらうのをやめ、誰かと自分を見比べるのをやめ、ポッカリと開いた落とし穴を自分自身のちからで埋め、渇いた心に喜びの種を植え、自分を肯定できるレンガをひとつずつ積み上げることを始めたとき、少しずつ、自分を好きになることができたように思います。

自尊心はバランス

自己肯定感をつくる、というのは、地道なことです。

他人が褒めてくれたこと、他人がよいと言ったことではなくて、自分で自分を肯定できるポイントをひとつひとつ探し、見つけ、心の中に積んでいく。

それは、とても孤独な行いだと思います。

自分で自分を肯定できる何かを心の中から探すのは、自分だけにしかできないからです。

アドバイスをしてくれる他人はいるかもしれないけれど、他人はあなたの心の中には入れないから、あなた自身が、ひとりで積み上げるしかないのです。

けれど、その積み重ねが、誰にも揺るがされない、安息の家をつくってくれます。

そして、自己肯定感を積み上げる実感が、自分はできるんだという深い自信をうみます。


自己価値は、高めるもの。

自己肯定感は、つくるもの。

劣等感は、なくならないもの。

どれがよい悪いということではなくて、大切なのは、自尊心のバランスがよいこと。


「普通」というのは、ある見方をすれば、平均的な自己価値と言えるかもしれません。

誰かより劣ることもなく、誰かより優れることもない、そんな、他人との比較の中でつくられる価値かもしれません。

それは決して無意味なわけではなく、社会の中で生きるためには必要な物差しだと思います。

けれど、自己肯定感は、誰もつくってくれない。

もしも、あなたが自分を好きになれなくて、ひとと自分を比べて悲しむことが多いなら、「普通」を追いかけることに夢中になるのをやめて、あなたが、あなたらしく生きることができる素適な家を、心の中に建ててあげてください。

「普通」であり続けるために頑張ってきたなら、そんなふうに頑張ってきたあなたを休ませてあげられる安全な家を、あなた自身のためにつくってあげてください。

暖かなその家があれば、どれだけの嵐が吹き荒れても、きっと、あなたは嵐を乗り越えて、晴れた青空と、暖かな太陽を見ることができるから。

大丈夫。

きっと、あなたはできるから。

あなたは、生きてそこにいる。

だから、できる。

大丈夫。

必ず、あなたも、できるから。

あなたの心を知るワーク❶

思い浮かぶことばで文章を完成させてみよう。

私は

私は

私は

私は

私は

私は

私は

自己効力感、自己無力感、自己肯定感、自己否定感、優越感、劣等感、存在理由、存在価値、自己価値、自信など、あなたの自尊心のバランスはどうなっているでしょうか？

あなたにとっての自己肯定のポイントは？
思いつくものを書きだしてみよう。

私は

私は

私は

私は

私は

私は

私は

ワンポイントアドバイス

自己肯定感の積み重ねを、毎日少しずつやってみましょう。
あなた自身の手でしか積み上げていけない大切なものです。

セルフヒストリー

孤独と孤立

再生される痛み

2000年の春、千葉県の私立大学に合格し、家族も何もかもを捨てるような気持ちで故郷を出た私は、奨学金をもらいながら、福島県の運営する男子学生寮に入りました。寮費を毎月払えれば、個室の部屋と朝夜の食事がある環境は、どう生きればよいのかわからなかった当時の私にとっては、最良の環境だったと思います。

ひとりで過ごす時間ができたことで、私は、過去を振り返るようになりました。

なぜ自分は、虐待を受けたのだろう。

なぜ自分には、父親がいないのだろう。

なぜ自分は、学校で虐めを受け続けたのだろう。

なぜ自分は、子供の頃に母に護ってもらえなかったのだろう。

なぜ自分は、他のひとのように温かい家庭に育てなかったのだろう。

そんなふうに、十八年の間に受けた身体と心の暴力がひとつひとつ思い出されるたび、もう終わったはずのことが生々しく蘇《よみがえ》り、恐怖が心を満たしました。

これはのちに心理学を学んで理解したことですが、サバイバーは、危険に直面しているときよりも、危険が終わった後のほうが、より苦しむことがあります。

サバイバーとは、虐待や暴力によるPTSDに苦しむ人々を示す言葉です。

ひとは、危険に直面しているときには自分の身体と心を護ることに全力を尽くしていますが、危険が終わった後に、ひとによってはフラッシュバックという現象が起こります。

フラッシュバックとは、過去の体験や経験が、今その瞬間にも実際に起きているかのように感じる現象で、PTSDやトラウマと深い関係があります。

私は虐待のサバイバーですが、DVサバイバーやレイプサバイバーなど、サバイバーと呼ばれる人々には体験の違いによらず、フラッシュバックが起こり得るのです。

既に終わったはずの過去の暴力が生々しく再現される環境の中、自分自身への否定感や罪悪感もまた、日々募《つの》っていきました。

どうして、自分はゲイなのだろう。

どうして、他のひとのように異性に惹かれず同性に惹かれてしまうのだろう。

どうして、皆のように普通じゃないんだろう。

どうして、大好きだったひとを護れなかったんだろう。

どうして、こんなにも悲しいんだろう。

どうしたら、普通になれるんだろう。

これから、どうやって生きていけばいいんだろう。

自分は、生きていてよい人間なんだろうか。

取り留めなくそんな思いが溢れ、ひとと関わることが怖くなり、やがて感覚や感情は鈍《どん》麻《ま》し、全ての現実感が希薄で、自分が本当に生きているのかどうかわからなくなっていきました。

自分は生きていても何もできない無価値な人間だから、生きていても仕方がないと感じる。

でも、自殺の後に残される人間の苦しみと悲しみを知ってしまっているから、自ら命を絶つこともできない。

何をしても嬉しくも悲しくもなく、生きる価値も見いだせないまま、夜になると起こるフラッシュバックに耐えながらひとりの部屋で過ごす中、やがて、リストカットをするようになりました。

自分自身が普通の人間とも思えず、生きている実感がない中、流れる血を見ていると自分がまだ生きているのだと安心し、痛みは自分にふさわしい罰のように感じられたのです。

それからは、暴力を受けたフラッシュバックが起こるたびにひとと接することが怖くなり、次第に大学に行けなくなりました。

大学に行こうとすると強く緊張するようになり、過呼吸が起き始めました。

それから学生寮から出れなくなり、そして、部屋から出ることができなくなりました。

部屋から出るのはアルバイトに出るときと、食事と深夜の入浴のときだけになり、やがて私は、学生寮の誰とも関わらなくなりました。

この状態は、大学生活のうち、約一年ほど続くことになり、のちに留年も経験します。

新宿二丁目という街

この世界のどこにも自分の居場所がないように感じられる毎日の中、私は新宿二丁目に行くようになりました。

新宿二丁目は、小さな街です。

新宿という広い広い街の中にある、小さな一区画。

ある日の夜、私は、いつものように新宿駅の東口を出て、新宿二丁目に向かって歩いていました。

ふと前を見ると、少し先に男性がふたり、横に並んで歩いています。

その後ろ姿を眺めつつ、なんとなくふたりは同じ場所に向かっているように感じていました。

歩く速さが同じくらいだったので、ちょうど、そのふたりの後ろをついていくように歩きます。

ふたりの男性は互いに近い距離でもなく、かといって遠くもなく、ただ黙々と歩いています。

新宿二丁目には入り口と言えるような路地がいくつかあるのですが、なんとなくの想像通り、そのふたりは新宿二丁目の入り口を通って、街の中に入っていきます。

そして、街に入ったそのとき、ふたりは一歩近づいて、恋人同士の距離になり、自然に手を繋ぐと互いに顔を見合わせ、優しく微笑みながら、街の中に消えてゆきました。

友達のふりをしながら生きている誰かと誰かが、恋人に戻れる街、それが新宿二丁目の特別さのひとつです。

新宿二丁目には同性愛者だけでなくて、両性愛のひとも、性同一性障害のひとも、性分化疾患のひとも、無性愛のひとも、非性愛のひとも、全性愛のひとも、もちろん、異性愛のひとも、いろんなひとがいます。

新宿二丁目は、多様である自由を知っている、そんなひとたちが集まる街です。どんなセクシュアリティでも、この街の中でなら、自分に嘘をついたり、ごまかしたりしなくてもいいのかもしれない。

この街を通して、私は自分らしいということがわかるのかもしれない。小さな街の小さな世界は、どこにも居場所がなかった私にとって、リストカットをしなくても自由に息ができる、唯一の世界になりました。

欠落感と心理学

ＬＧＢＴサークルに入ったり、新宿二丁目という街を中心に、セクシュアル・マイノリティの友達ができる中、少しずつ実感し始めたことがありました。

友達と楽しい時間を過ごしているときや、一緒に買い物や食事をしているときも、いつも自分の心は冷めていて、虚しさが消えない。

バーやクラブハウスで大勢のひとがいて、そのひとたちは自分と同じセクシュアル・マイノリティのはずなのに、自分が彼らと同じ人間のように感じない。

友達に囲まれてひとりではないはずなのに、自分はいつもひとりぼっちのように感じる。

そんな、大勢の中の孤独感を感じるようになりました。

その大勢の中の孤独感は、たくさんのひとがいればいるほど強く感じるようになりました。

楽しそうに笑うみんなと同じように笑ってみても、自分の笑顔は嘘くさくて、本当じゃないように感じる。

大切に思う友人達との関わりの中でも、皆と同じように過ごすことができない自分は、大切な何かが欠落しているのだと思いました。

自分の心に感じる欠落感について知りたくなった私は、心理学という学問に興味を持ちました。

心の欠落感にセクシュアリティが関連していると思い情報を集め始めましたが、大学や近所の図書館では、該当するようなゲイに関する心理学の本はなく、インターネットで「ゲイ　心理」と検索すると、見つかるのは明確な悪意や自覚のない悪意から発信される言葉や、同性愛は異常心理や性癖のひとつといった誤情報ばかりでした。

自分の存在に疑問を持ち、セクシュアリティについてもよくわからなかった頃だったので、それらの情報や言葉を目にするたびに、自分自身への否定感や拒絶感はなお強くなり、心身のバランスを崩していきました。

外出すると過呼吸を起こしてパニック発作を起こすようになり、リストカットの回数が増えていき、このままではいつか本当に死んでしまうと自覚したとき、意を決して、大学に設置されている心理相談室に行きました。

そこで、人生で初めて、心理カウンセラーというひとに出会うのです。

そのひとは女性で、複数の大学を掛け持ちし、決まった曜日にだけ私の大学に来るというスタイルの方でしたが、心理相談室の利用率が低く、予約はすぐに取れました。

穏やかでゆったりとした空気感のあるそのひとは、年齢としては壮年くらい。

優しそうな笑顔で、「来てくださってありがとうございます」と出迎えてくれました。

心理相談室で話したのは、一時間ほど。自分が感じている死にたい気持ちや、リストカットや対人不安などの実際に起こっているできごとを話す中、私は、気持ちやできごとを伝えることはできても、ゲイであることについてはどうしても話すことができない、心の動きを感じたのです。

やっぱり、心身のバランスがおかしいことと自分がゲイであることは何か関わっているんだな、と実感した最初のときでした。

ここで、カウンセラーは、いくつかの大切なことを教えてくれました。

大学の心理相談室は学業のサポートに特化しているので、私の個人的なメンタル不全のサポートは難しいということ。

リストカットや自殺念慮の解決は時間がかかることが多いので、対処のために精神病院に行くほうがよいということ。

病院と他所の心理相談を併用して進めてゆくとよいかもしれない、ということ。

ちからになれることは少ないかもしれないけれど、話したくなったらまたいつでも来てくださいね、と、その方は送り出してくださいました。

私が幸運だったのは、そのカウンセラーが、大学の心理相談室ではできないことがあると、きちんと教えてくれたこと。

そして、どこであれば対応ができるかを教えてくれ、その上で、温かく送り出してくれたことです。

今思えば、私のカウンセラーとしてのモデルのひとつは、人生で初めて出会った、そのひとだったと思います。

そうして、大学近くの精神病院に初めて行きました。

診察を受けたら、何か変わるかもしれない。

今起こっていることを、どうにかできるかもしれない。

自分のことをうまく話せるだろうか。

ドクターにどんなことを言われるのだろうか。

期待と不安が激しく頭を駆け巡る中、名前を呼ばれて診察室に入りました。

男性のドクターに挨拶をした後、何をどこから話せばいいのだろうと思いながら話し始め、十分ほど経った頃、

「わかりました。うつ用の薬を出すので、飲んでみてください」

と、告げられました。

やっとこれで変わるのか、と思い、薬をもらい、部屋に帰り、薬を飲みました。

少し経つと、なんとなく感情が平坦になっていくように感じ、そのまま眠りました。

翌朝起きて、いつもと同じ不安や恐怖、悲しみが湧き上がり、薬を飲み、感情が平坦になっていくのを感じ、安心する。

しかし、数時間経った頃、再び不安や恐怖が心の底から湧き上がってきたとき、私は、

理解しました。

大学でカウンセラーが言った、対処ということ、時間がかかると言った意味。うつの薬は、私の感情を平らに和らげるだけで、不安や恐怖そのものを消してくれるわけではなかったのです。

このとき、はっきりと理解しました。

薬は激しい感情をなだらかにするためのもので、そもそもの負の感情を解決しなければ、一生、終わらないのだと。

薬を飲んでも、自分がゲイであることは変わらないし、暴力を受けたことも、彼が死んでしまったことも、現実は何も変わらないのだから。

次の診察のとき、ドクターに、

「薬を飲んでいれば治りますか？」

と、質問しました。

ドクターは「薬は確かに対処的なもので、あなたに起こっている問題の原因そのものは、カウンセリングや心療内科を活用するほうがよいかもしれません」と言いました。

うまく理解ができなくて、もう一度「薬を飲んでいれば治りますか？」と尋ねると、ドクターは、寂しそうな目で私を見つめたまま、何も答えませんでした。

理性ではわかっていたつもりだったけれど、見いだした希望がゆっくりと暗く閉ざされていくような、そんな真っ黒な絶望感を感じたのを、今でも憶えています。

今でこそ、薬物療法とカウンセリングが全く異なることや、ドクターとカウンセラーの役割の違いがわかるので、このときのドクターが誠実なひとだったとわかります。

気休めを言わず、嘘もつかなかったのですから。

ただ、このときの私にはそれらの違いがわからなかったので、何かドクターに見捨てられてしまったような、そんな気持ちになったのです。

薬を飲めば、確かにリストカットの衝動は和らぐし、食事もできて、外にも出られて、眠りやすくもなる。

けれど、苦しくなる理由や原因をなんとかしない限り、薬を飲まなければまともに生きていけない日々が、毎日続く。

それがずっと続けば、やがて、自殺してしまうだろう。

どこか自分のことを遠くから眺めるような感覚の中、大学の心理相談室での経験で、ゲイであることが何らかの原因であることに実感をしていたことから、「ゲイ　カウンセラー」や「ゲイ　カウンセリング　相談」とインターネットで検索をしました。

以前に「ゲイ　心理」と検索したときとは全く違うWEBサイトが出てきて、このときに、インターネットの使い方が少し理解できたように思います。

死を待つために生きる

まずショックだったことは、自分と同じセクシュアル・マイノリティ当事者のカウンセラーがいなかったこと。同性愛の相談ができる、といういくつかのカウンセリングルームは、全て異性愛者のカウンセラーだったこと。

本当にゲイということをわかってもらえるのだろうか、と不安を感じながら、なんとなく目についたところに連絡をして、カウンセリングに行ってみることにしました。

大学の心理相談室とも病院とも違うカウンセリングルームというのは、どんな場所だろう。

期待と不安を感じながら着いたのは、マンションの一室。

〝そっか、大学でも病院でもないんだから、普通の建物の中にあるんだよな〟と思いながら、部屋に入りました。

そこにいたのは、大学の心理相談室のカウンセラーと同年代くらいの、女性のカウンセラーでした。

一時間の相談の中で、大学や病院のときと同じく、やはりゲイであることを話せず。何度か相談を繰り返す中、あるとき「自分はゲイなんです」と、言いました。

声が震えてスムーズには言えず、何度か言いなおしたけれど、カウンセラーは、ゆっくりと頷き「ゲイを治していきましょう」と、笑顔で言いました。

心が凍りつく感じと、ゆっくりと身体の芯が麻痺していくような感覚の中、〝ああ、だめなんだな〟と心の中で呟きました。

そのカウンセリングルームに行くことは、もう、ありませんでした。

その後、「ゲイ　カウンセリング　相談」とインターネット検索をして見つかるカウンセリングルームに、ひとつひとつ行き始めます。

最初からゲイであることを話したとき、あるひとは「女性の服装をしたいのですか？」と言い、あるひとは「私みたいに女性の心があるんですね」と言い、あるひとは「すみません、よくわかりません」と言いました。

出会うカウンセラーの多くは女性でしたが、ある中年男性のカウンセラーにゲイだと言った瞬間の、一瞬の嫌悪の表情を見たとき、かつてインターネットで読んだ、たくさんの差別の言葉や悪意の言葉が頭の中を駆け巡りました。

この世界に、ゲイである自分を助けてくれるカウンセラーは、どこにもいないんだ。

そう思ったとき、カウンセラーを探すことも、カウンセリングに行くことも、病院に行くこともやめました。

ひとと深く関わることは、もうやめようと思ったのです。

そして、いつか自分が死ぬときを、事故か病気か殺人で死ぬそのときを、ただ待つことにしました。

自分で死ぬことができないのなら、何かや誰かに殺してもらうしか、方法がなかったから。

贅沢をせず、誰にも迷惑をかけず、できるだけひとと関わらず、何も感じず、ただ息をして、いつかやってくる死のときを待つために生きようと思ったのです。

2003年の冬の頃。心のことに取り組みを始めて、約四年が経っていました。

2 「確かな自分」をつくろう

自分とはなにか？

あなたは、「確かな自分」を持っていますか？

私は、確かな自分というものを持っているつもりが実は失っていて、そのことに長い間気づきませんでした。

「自分がよくわからない」「確かな自分を持ちたい」というご相談は、年々増加しているテーマのひとつです。

確かな自分、とは、なんでしょう。

自分という存在の認識、というのは認知心理学や社会心理学の分野で、多くの方々が研究しています。

たくさんの情報の中に自分が埋没するような日々を生きる中で、私たちは、自分という確かな存在を求めずにはいられないのかもしれません。

ゲイであること、片親であること、安全な環境で育てなかったこと、学校で虐められたこと、精神疾患であること、毎日が楽しくないこと、生きようと前向きに思えないこと、ひとが怖いこと、恋愛がよくわからないこと、他人とうまく関われないこと、etc.……。

自分と他人とを見比べたとき、自分がみんなと違うことはわかる、でも、自分がなんなのかわからない。

同じ街を歩くみんな、同じ職場のみんな、同じ店で買い物をするみんな、同じLGBTサークルのみんな、そんな「みんな」と自分の何かが、決定的に違う。

自分のことを、「みんな」と同じ人間といういきもののように感じられない。

「みんな」が人間であることはわかるのに、自分という存在の正体がわからない。

自分は何者なんだろう？

そんな問いかけを持ちながらひとと過ごす時間は、大勢のひとの中で自分だけが取り残されているような、孤独感をつくりだしました。

どうして？　なぜ？　どうすれば？

そんなふうに問いかけをしていたあるとき、ふと、気づいたこと。

自分が自分を人間と思えないのは、心の中に欠落を感じているからであること。

自分は、人間としてとても大切な何かが欠けていて、その欠けている何かを他人に感じるとき、ひどく孤独感を感じるということ。

なんだろう？　何が足りないんだろう？　何が欠けているんだろう？

いきいきと生きるみんなの顔を眺めながら、あるとき、ハッと気づいたこと。


私に欠けていたのは、感情だったのです。


みんなが楽しそうにしているとき、自分は笑顔だけれど、楽しいがわからない。

みんなが恋愛の話をしているとき、自分は頷くことはできるけれど、恋や愛がわからない。

みんなが悲しそうなとき、自分は悲しい表情はできるけれど、悲しみがわからない。

みんなが喜んでいるとき、自分もはしゃぐことはできるけれど、嬉しいがわからない。

みんなが人間らしく見える要素を探したとき、自分とみんなの違いは、感情という要素でした。

人間とロボットを見比べたとき、きっと明確に異なるのは、人間には感情がある、ということ。

自分をみんなと同じ人間に感じられなかったのは、自分には感情が欠けていて、自分自身を無機質な肉の塊ように感じていたからだったのです。

どうして自分にはみんなのような感情が感じられないのだろう、と思ったとき、気づきました。

私の心は、楽しさや、悲しさや、嬉しさ、恋愛、よりも、もっと強い感情にいつも支配されていた。

それは「怒り」でした。

自分の感情を探求する

心理学を学ぶ前の私は、怒りというのは燃え盛る炎のような激しい感情だと思っていましたが、実は、怒りには様々な種類があります。

烈火のような、激しい怒り。

いつまでもくすぶり続ける、じわじわとした怒り。

根深いところで自分を切りつける、するどい怒り。

そして、心や身体を痺れさせるような、冷酷な怒り。

それらの様々な怒りがずっと心の奥底を満たしていて、他の感情を感じる余地がなかったのです。


ここで、怒りの正体について触れたいと思います。

実は、感情には一次感情と二次感情があります。

一次感情というのは、何かを体験したときに、最初に心に湧き上がる感情。

二次感情は、その一次感情を拒否したり我慢したりすると起こる感情です。

一次感情はよくよく自己探求しないと気づきづらいのですが、二次感情の発生は自覚しやすいものです。

実は、怒りは、この二次感情。

そう、何かがあって怒りがうまれるのではなくて、何かの感情を拒否したり我慢したりすると、怒りはうまれます。


怒りのもととなる一次感情はひとそれぞれで、様々なものがあるのですが、私の怒りの一次感情は、恐怖でした。

ゲイである自分は、幸せに生きられないのではないだろうか。

幸せな家庭を知らない自分は、恋人をうまく愛せないのではないか。

精神障害と診断を受けたのは、もともと自分が異常なせいではないのか。

ひとと上手に関われないことで、ひとりぼっちになってしまうのではないか。

仕事をしても、うまくできなくてすぐに辞めてしまうのではないか。

ずっと貧乏で、豊かな暮らしができないのではないか。

笑顔に溢れていない自分の人生は、失敗作だったのではないか。

小さい頃のように、またひとに攻撃をされたり、否定されたりするのではないか。

自分が生きて存在することで、誰かに迷惑をかけてしまうのではないか。

自分は、誰からも、必要とされていないのではないか。

一生、社会から取り残されて、誰にも愛してもらえないのではないか。

そんな恐怖がいつも心の奥底に渦巻いていたけれど、そんなはずはない、違うはずだと、否定したり、拒絶したり、気づかないふりをしていたから、私の心にはいつも怒りが一杯だったのです。

心という感情の容れ物が恐怖と怒りでいっぱいだから、楽しくないし、悲しくないし、嬉しくないし、愛せなかった。

それでも、自分の心の中にないモノが欲しくて、
みんなが楽しんでいるから、楽しまなければいけない、
みんなが悲しむから、悲しまなければいけない、
みんなが好きと言うから、好きでなければいけない、
みんなが喜んでいるから、喜ばなければならない、
そんなふうに思い込んでいました。
色とりどりの感情の基準が自分自身になくて、常に「みんな」にあった。

だから私は、「確かな自分」を感じられなかったのです。

「確かな自分」を感じなかったのは、感情の基準を周囲に合わせていたからで、必要なのは感情の基準を自分に置くことでした。

多様な感情が「確かな自分」を創る

「確かな自分」というのは、きっと、とてもカラフルなものなのです。

楽しんだり、悲しんだり、喜んだり、寂しかったり、好奇心に溢れていたり、切なかったり、嬉しかったり、悔しかったり、そんな、色鮮やかな感情で、心が満たされていることなのです。


それがわかったとき、恐怖を否定するよりも、受け容れ、認めることにしました。

恐怖を認める、ということも怖かったけれど、感情のないロボットのように生き続けるほうが、もっともっと怖くて、悲しかったから。

私も、みんなのように、人間らしく生きてみたかったから。

その願いだけは、本当の自分の心だと、思ったから。

「確かな自分」を持って、たった一度の人生を生きたかったから。

あなたの心の中には、どんな感情がありますか？

もしもあなたが、確かな自分を持ちたいと願うひとなら、あなたの心の中にある感情を、認めてあげてください。

そして、感情がよくわからなかったり、見つからなかったら、心の中を探してみてください。

感情を認めること、感情を探すことは、とても孤独なことだけれど、あなた自身にしかできません。

あなたの中にあるものは、あなたしか、探せないからです。

感情には、本当は、良いものも悪いものもありません。

ただただ、いろんな色合いがあるだけです。

白、黄、橙、桃、赤、青、藍、緑、紫、茶、灰、黒。

グラデーションを織りなす色は、ただその色であるというだけであるように。

様々な色があるからこそ、美しく、奥深い景色が描かれるように。
人間は、太陽が昇る色鮮やかな朝焼けも、深い夜色が遠く続く夜空も、美しいと感じるいきものだから。

どんな感情も、本当は、あなたの心を彩る、大切な色。
あなたが見つけた色を何色と呼ぶかも、あなたの自由です。

「確かなあなた」を形作るもの。
それはきっと、あなただけが持っている、あなたの感情。

あなたの心が感じていることを、大切にしてあげてください。
あなたの心が感じる感情は、あなたにとって、必要なものだから。

あなた自身の感情があなたの心を満たしてゆくたびに、あなたはきっと、他の誰でもない、世界でたったひとりの「あなた自身」になってゆくから。

あなたの心を知るワーク❷

色鉛筆やクレヨンで感情の絵を描いてみよう。

絵を描きながら、あなたの心の中にある感情を感じてみましょう。
普段気づかなくても、本当はいつもたくさんの感情で溢れています。

セルフヒストリー

恋愛と共依存

パートナーとの出会い

ひとと関わることの恐怖感や拒絶感から、外出が難しい毎日が続いたことで大学を留年し、学生寮を出た私は、一人暮らしを始めました。

この頃社会では、個人が運営するＷＥＢサイトやＳＮＳが流行し始めていました。当時のＳＮＳは今ほどには細分化されておらず、日記も画像も興味のある記事もひとつのページに集約されていた状態だったのですが、そんなＳＮＳのメッセージで、ある日、突然メッセージが届きました。

「初めまして。
よかったら返事をください。」

という、短い、二行のメッセージ。

顔も知らない、話したこともない、人柄も知らない、存在も知らなかったひとからの突然のメッセージに、当時の私はどうしてよいかわからず、返事を書けず、そのメッセージはそのまま受信箱に置いておくことになりました。

その翌月、

「こんにちは。

返事をください。」

と、再び二行のメッセージが届きました。

返事をしたくないわけではないけれど、どう返事をしていいかわからない、そんな葛藤がうまれて、やっぱり返事を書くことができませんでした。

そして、また次の翌月、

「こんにちは。

よかったら返事ください。

待ってます。」

と、三行に増えたメッセージが届きました。

そして、メッセージの送り主とは別な友達から、彼が返事を欲しがっているので返事をしてあげて欲しい、というメッセージが届きました。

返事を書きたくても何を書いていいかわからない、どうしたらいいんだろうと思いながら、返事を返しました。

「こんにちは。

初めまして。」

思いついたのは、たった二行の挨拶。

それが、今もパートナーである、パンダさん（仮名）との出会いです。

2004年の夏、蒸し暑い夜でした。


一通送ったら一通返ってくる、そんな手紙の交換のようなメールのやりとりをしながら、私は少しずつパンダさんのことを知っていきました。

私と同じ歳であること、高校生くらいからゲイの自覚があったこと、大学に通っていること、岡山県に住んでいること、インターネットが好きなこと、パソコンが好きなこと、いろんなサイトを見て面白いと思った記事を掲載するウェブサイトを運営していること、私が個人的に開いているホームページを見てくれていること。

一通一通のメッセージをやりとりしながら、私たちは、少しずつお互いのことを知り合っていきました。

電話で話すようになり、スカイプという動画で会話ができるサービスで話すようになり、私たちは、少しずつ仲良くなっていきました。

ある日、彼から送られてきたメッセージを開くと、私のことが好きだと書かれていました。

驚いたし嬉しかったけれど、会ったこともないひとを好きになることはできないと伝え、会うことができたら考えてみる、という返事を送りました。

そして、2005年の1月、大学の冬休みになった頃、彼は東京に来ると言ったのです。


待ち合わせの場所にしようと決めた上野駅で、パンダさんが乗っているという車両が着くのを待つ間、実際のパンダさんはどんなひとなんだろうと思いながら、高校の頃に自殺をした初恋の彼の顔を思い浮かべていました。

彼が死んで五年が経ってもまだ彼が好きなんだ、と、感じながら。

電車が到着し、ドアが開き、降りてきたパンダさんを見て、歩いて近づいてくる姿を見たとき、

〝ああ、このひとが好きだなあ〟

と、思いました。

一目惚れ、ということはこういうことなんだな、と、目の前に近づいてくる来るひとを

見ながら、ぼんやり考えました。

初めまして、と言葉を交わして、当時住んでいた部屋の最寄り駅へ向かう電車の中、長旅の疲れから寝てしまったパンダさんの横顔を見ながら、

〝たぶん、このひとと一緒に生きていくんだろうな〟

という不思議な予感を感じ、けれど一方で、死んでしまった彼のことを思いながら、やはりまだ好きな気持ちを感じていました。

隣に座るパンダさんを好きだと感じる。

でも、初恋の彼のことも好きだと感じる。

ふたりのひとを同時に好きなのは、パンダさんは生きていて彼はもう死んでいるからなのか、それとも私がやっぱりおかしいからなのかわからないな、と思いながら、揺れる電車の音を聞いていました。


一緒の部屋で暮らし始めた私たちは、とても大きな壁に直面します。

私が得意なものがパンダさんは不得意で、パンダさんが得意なものが私は不得意。

私が好きなものにパンダさんは興味がなく、パンダさんが好きなものに私は興味がない。

私がよいと思うことはパンダさんはよいと思わず、パンダさんがよいと思うことを私はよいと思えない。

私たちは、共有できるものがとても少なかったのです。

また、私は不意の大きな音や陶器の皿がぶつかり合う音がとても苦手で、そういった音を聴くとフラッシュバックする状態がこの頃も続いていました。

苦手なのでやめて欲しいと伝えるけれど、それでも掃除をしていたり、食器を片付けているときに大きな音が鳴ると、そのたびにフラッシュバックが起きて、つらさや悲しみが押し寄せてくる。

つらいと伝えていることをどうしてするのだろう、どうしてわかってくれないのだろう、責めたいのか悲しいのかわからないまま涙が出て、二日に一度くらい、私はよく泣いていました。

そのたびに、お互いにどうすればいいかわからず、どうしたらうまくできるかわからず、パンダさんは悲しみ、私はまた泣く、そんな日々を過ごしていました。

たくさんの喧嘩をして、たくさんの話し合いをして、その関わりの中で、私たちはある約束をしました。

喧嘩をしたら、必ず仲直りをすること。

喧嘩をするときには、手をつなぎながらすること。

たくさんの喧嘩をしても、互いを好きだという気持ちは確かに感じていて、その気持ちが共に過ごし続けることを選ばせてくれていたと思います。

喧嘩をせずにはいられないけれど、喧嘩をした後の仲直りが少し上手になった頃、たくさんのことを話し合って、私たちは恋人として付き合うことにしました。

一緒に暮らし始めて、一ヶ月ほど経った頃でした。


付き合うことを決めるとき、私たちは、たくさんのことを話しました。

これからどうしていきたいか。

留年している大学のこと。

SEXや恋愛のこと。

大学を卒業した後の仕事のこと。

これからの暮らしのこと。

互いの趣味や好きなものが合わないこと。

亡くなった初恋の彼が、今もまだ好きなこと。

様々なことがつらくて、ただ、死を待っていること。

不安に思っていることや、心配に思っていることを、長い時間をかけて話しました。

これからどうしていきたいかを話し合う中で、私の心の中には、ひとつの明確なイメージがありました。

よく晴れた日の縁側、老人になったふたりでお茶を飲む、穏やかな日の光景。

私は、パンダさんとそんな日をいつか迎えたいと思っていることを伝えました。

彼は、「そうなりたいね」と言いました。

ふたりの約束

ただ、このとき、私はとても心配なことと、引け目に思うこととがありました。

心配なことというのは、SEXのこと、そして、恋愛のことです。

同性愛のSEXには、ときに、タチとウケというSEXにおけるポジションのようなものがあるのですが、私たちはこのポジションが合わず、SEXがうまくいかなかったのです。

今は無理に合わせることができるとしても、今後、難しさやつらさを感じることが出てくるかもしれない。

そうしてこれから何十年と付き合っていくとして、私は、自分がパンダさん以外の男性とSEXをするような気がしていること。

また、パンダさんが好きな気持ちがあるのと同時に、やはり私は、高校3年生の冬に亡くなった彼のこともずっと好きである気持ちを自覚していました。

ひとりのひとを好きなのに、同時に、故人ではあっても別なひとのことも好きであることがよくないことのように思うこと。

これから付き合っていくとき、どうすればパンダさんを傷つけないか、聞いたのです。


「ひととひとが付き合うなら、傷つけないなんて、無理だと思うよ」


と、彼は言いました。

それは本当に正しい意見で、同時に、ひとを傷つけるのは悪いことだと思っていた私にとって、頭を殴られたような大きな衝撃でした。

ひとを傷つけるから嫌われてしまう、ひとを傷つけるから孤独になると思っていた私は、傷つけることが大前提の考え方というのを想像したこともなかったのです。

傷つけないことを重要視するのではないとしたら、何を大切にすればよいかを話し合い、私たちは、ある結論に至りました。

付き合ってゆけば相手を傷つけることも理解していて、それでも好きな気持ちがあって付き合うひと同士が、どうして別れてしまうのだろうと考えたとき、それは、好きな気持ちがなくなるからではなくて、相手を信じられなくなるからではないかということ。相手を信じる気持ちがあり続ける限り、私たちは人生を共に過ごせるのではないか、ということ。

そうして話し合い、私たちは、いくつかの約束事を決めました。

誰かに恋をすることは自分の意思で選べないものだから、予想外にお互い以外のひとに恋をすることがあったときには、別れるのではなく、それはそれで受け容れて、話し合って、できればその恋が終わるまで楽しむこと。

付き合ってゆく中で、どうしても足りないこと、互いでは補えない重要なことがあるなら、それを他のひとに求めることをよしとすること。

そのときには、そうしようと思うことを、きちんと互いに話すこと。

他のひとに求めるときには、互いの存在をきちんと伝えて、そのひとを騙《だま》すようなことはしないようにしよう、ということ。

互いを傷つけないことを重視するのではなく、嘘をつかないことを大切にしよう、と決めました。

どんなとき、どんなことでも、言いづらかったり、後ろめたいようなことであっても、必ず話し合って考えて、解決していくこと。

それが、ふたりの約束事になりました。

すぐに解決ができなくても、話し合うことで解決の道を探すことができるのだと、パンダさんとの関わりの中で私は学んだのです。

そしてふと気づいたこと。

贅沢をせず、誰にも迷惑をかけず、できるだけひとと関わらず、何も感じず、ただ息をして、いつかやってくる死のときを待つために生きようと思った私が、パンダさんと生きるために一生懸命になっていること。

自分でもままならない感情に振りまわされながら、感情を否定したり拒絶するのでなく、なんとか折り合いをつけようと思っている自分がいること。

ただ息をして生きるのではなく、幸せになりたいと願っていること。

かつては死ぬのを待つために生きることを決めた自分が、パンダさんと一緒に生きたいと願うようになっていたのです。

自分と向きあうための心理学

無機質に死んだように生きるのではなく、パンダさんと人間らしく生きていきたいと思うのなら、私には、解決をしなければいけないことがわかっていました。

かつて、絶望から諦めた、心の回復をすること。

パンダさんと付き合うことが根本的な解決になるはずもなく、絶え間なく喧嘩をする中で、私は、あることに気づき始めていたからです。
喧嘩には、いつもパターンがあること。
ふたりの間で起こる喧嘩のほとんどは、何らかの理由をきっかけに私が感情的になり、強い不安や怒りを感じ、パンダさんを責める気持ちがうまれ、口論になり、私が泣いてパンダさんを責めるかたちになる。そのうちパンダさんも感情的になり、そして、互いにある程度感情がおさまると、仲直りをする。
その繰り返しであること。
どうしていつも、急に不安になるのだろう、抑えきれない怒りが沸くんだろう、パンダさんをやっつけたくなるんだろう。
気がついていたのは、
必ず、施設での保母さんや親からされたことを思い出している、
必ず、小さい頃の暴力の痛みや言葉が頭のどこかで再生されている、
必ず、彼のお葬式のときの気持ちを思い出している、
必ず、暗い部屋でゲイである自分を責めていたときの気持ちを思い出している、
と、いうことでした。
フラッシュバックと呼ばれる現象であることはすでに理解していましたが、どうすれば

よいかを、当時の私は知らなかったのです。
もう一度、病院に行こうか。
もう一度、カウンセラーを探してみようか。
でも、あのときにあれだけ探しても見つからなかったのに。
そう考えながら、あるときたどりついた答え。
助けてくれる誰かが見つからないのなら、自分で自分を助けるしかないのではないか。
その答えが見つかったとき、自分で心理学を勉強してみよう、と決めたのです。
2005年の頃でした。

インターネットで様々なことを調べていく中、民間のスクールから大学まで、心理学を学ぶには様々な機関があることを知りました。
通信教材で数万円というものから、大学で数千万円というものまで、値段も様々でした。

母子家庭の実家からの支援も難しいし、生活してゆくだけで精一杯の中、お金を使うのはよくないことのように思えましたが、背中を押してくれたのは「俺は応援するよ」という、パンダさんの言葉と、

「やりたいことは、きっとやったほうがいいんだよ。まずは、一緒に本屋に行ってみない？」

という、友人の言葉でした。

友人と共に書店に行き、手に取った数冊の心理学の本を買いました。

わかりやすいものから、難解なものまでありましたが、心理学の本は、様々なことを私に教えてくれました。

謎が解けたように感じることもあればうまく理解できないものまで様々でしたが、書かれている内容は、私が感じていたことを説明してくれていたのです。

様々な本を読みふける中、あるとき、ふと気づきました。

たくさん知識は増えて、心に何が起こっているかを少しだけ理解できるようになったけど、つまり自分はどうしたらいいかを、本は教えてくれなかったのです。

どれだけたくさんの知識や、どれだけたくさんの実例を読んでも、私という個人がどうしたらいいかという「私の答え」は、本には書いていませんでした。

このとき、なぜ大学の授業やスクールの講座が存在するかを、理解したのです。知識だけではわからないことを、わかるひとから教えてもらうために、授業や講座はあるんですね。

学校に通う、ということを考えたとき、再び数千万円のお金を費やして大学に通うのは非現実的に思え、しかし、本を読むだけでは変わらないものがあるのはわかる。

そして、いくつかの大学に問い合わせをしたり、スクールを見学したり、心理学の講座を受講したりして、カウンセリングの専門学校に通うことにしたのです。

専門学校での授業は、やはり本とは異なるものでした。

感じたことを誰かに話し、学んだ心理学の知識と自分の心を照らし合わせながら、ひとと話しながら自分の答えを探す。

そう、必要だったのは、自分を決して攻撃しない、否定しない、そして、指示や命令もしない、そんな「安全な誰か」と会話をしながら、自分の答えを探し出すことだったのです。

カウンセラーとは、相談者に答えを与えるのではなく、相談者が自分の答えを見つけてゆくのを支援する、そんな存在なのだと理解しました。

ただひとつ、ＬＧＢＴ（セクシュアル・マイノリティ）の心理学だけはどこにもなく、誰も教えてくれなかったので、様々な心理学と照らし合わせながら、自分で学んでゆきました。

私にとってのＬＧＢＴの心理学の教科書は自分の心、そして、ＬＧＢＴの友人たちが話してくれた心のことでした。

自分の心を回復させるため、自分の心を知るために学んだカウンセリングや心理学は、驚くほどの変化を私に与えてくれました。

コントロールができずに他人と自分を傷つけていた感情は、他人と私を傷つけなくなりました。

ゲイというセクシュアリティが、異常なものではなく生来のものだと深く実感したことで、変えられないものを受け容れるということを学びました。

他人の価値観や評価は他人のもので、自分の価値観や評価とは違ってよいということも知りました。

数多くある変化の中で、とても重要なのは、心の痛みは消すものではなく、上手に付き合ってゆくものであるということ。

生きるということと死ぬということは、別々なものではなくて、同じ一本の線の上にあるものであること。

様々なできごとの答えは、他人に与えてもらうものではなく、自ら見いだしてゆくものであること。

自分の答えを見いだしてゆくときに、ひとに助けてもらうことは、恥ずかしいことでも、悪いことでもないということ。

心の支援をするひとにも、カウンセラーやドクターだけでなく、様々な人々がいるということ。

ゲイの心理カウンセラーとして

あれほど深く、長く、私の人生を支配していた様々なものがようやく解決された、と感じたとき、ふと、気になったことがありました。

今、社会には、セクシュアル・マイノリティ当事者のカウンセラーはいるのだろうか？

あれからもう何年も経っているのだから、もういるだろう。

そう思い、再びインターネットで検索しましたが、まだ、そんなカウンセラーはいなかったのです。

苦しくて、行き場がなくて、どうしようもなくて、どこかにいてくれたらと願った存在が、あれから七年経ってもまだいない。

私は、たまたま幸運にも生きてこられたけれど、この七年の中で、生きることができなかったひとはどれだけいたのだろう。

そう思ったとき、様々な気持ちが心に溢れました。

あの頃、あんなにも求めた存在が、まだいない。

それなら、自分がなろう。

そう決めた後に、自分は何者なんだろうと考えて、「ゲイの心理カウンセラー」と名乗ることにしました。

私は世の中にたくさん生きているゲイのひとりであって、レズビアンやＧＩＤ、ＤＳＤ、ほかにも数多く存在するセクシュアル・マイノリティの当事者ではないから。

ＬＧＢＴの心理カウンセラーと名乗るのは、他のセクシュアル・マイノリティの当事者に対して、とても失礼で傲慢《ごうまん》なことに思えたのです。

そうして「カウンセリンググルームＰ・Ｍ・Ｒ」という名称を決め、役所へ開業届を出しました。

２００７年の頃、７月７日の七夕の日です。

年に一度しか会えない織姫と彦星だけれど、年に一度だけでも会える誰かが世界のどこかにいるということの意味や価値を忘れないために、この日にしました。

ゲイの心理カウンセラーという存在を、私が求めてやまなかった２０００年から、七年の月日が経っていました。

3 ゲイから眺める「みんな」の姿

結婚しなければいけないという思い込み

「社会のルールから外れることが怖い」というご相談を、よくお聴きします。

人間は社会的動物ですから、社会の枠組みから外れる怖さは自然なことです。

かつては私も、ゲイであることをはじめ、マイノリティであることは、デメリットしかないと思っていました。

学校、趣味、人づきあい、仕事、恋愛、結婚、子育て、介護、老後、お葬式、人生の全てにおいて、みんなと同じようにはできないと思っていたし、実際に、そんな声をたくさん聞いていたからです。

特に、結婚や子育て、老後等の社会のルールに参加することができるマジョリティの人々が羨ましく思え、また、仕事をしていても、自分らしい自分でいられないと感じていました。

社会のルールに参加したくないのではなく、自分が望んだわけではない性質のために参加できない。

そんな気持ちは、未来への期待感を薄れさせ、毎日を少しずつ虚無的な時間にしていき、人間としての挫折感を募らせていきました。

社会のルールに参加できないのなら、自分は、何のために生きているんだろう。

そんなふうに感じていました。

今、私はゲイという性質を持って生まれてよかったと感じています。

それは、社会のルールに参加したくても参加できないからこそ見えた、いくつかのことがあったからです。

自分がゲイであることで社会に参加できない、と感じていた頃、私は様々なことを思い込んでいました。

そのひとつが、結婚をしなければいけない、という、誤った思い込みです。

男女の恋愛をする人々は、互いを好きになって、恋愛をし、愛を育んで、結婚をし、子供をつくる。

愛の言葉と共に結婚を申し込む男女を描くドラマを観たり、結婚をすることで愛が確かなものになるというストーリーを読むたびに、結婚をすることが愛のゴールで、子供は愛の結晶だと思いました。

ゲイである自分は、女性と結婚はできない。だから、女性と子供をつくることもできない。そして、家庭を持つこともできない。

そんな自分は普通ではないから、社会の一員として生きてゆけない。

普通のひとのように社会に参加できないのだから、仕事を頑張っても意味がない、出世をする意味もない。

異性愛者のように男女の結婚ができない自分は、社会の中で、幸せになれない。

そんなふうに連鎖する気持ちがひしめいて、大好きなひとと出会うたび、恋を感じるたびに、同性愛者であることに、心の奥深くで罪悪感と恥ずかしさを感じていました。

異性愛者の知人と会話をするときに出る恋愛の話題では、女性に置き換えて好きなひとの話や、付き合っているひとの話をする。

嘘をつきたくないからひととの深い会話は避けるけれど、他人と深い会話ができないことを寂しく思い、嘘をつかなければ恋愛の話ができないことに苦痛を感じる。

どれだけ好きになったとしても、結婚ができないのなら同性同士の自分の恋は普通ではないのだ、そんなふうに思っていたのです。

私にとって、結婚というものは、ふたりの間に確かな愛があることを証明する証《あかし》に思えていました。


愛って、なんだろう？


そんな問いかけを罪悪感や恥ずかしさと共に自分に向け続ける中、あるとき、パートナーシップという概念を知りました。

パートナーシップとは、元来は経済で使われる言葉で、複数の個人が共同で出資をしながら事業を営んでいく協力関係のことです。

出自は経済の分野の言葉ですが、近年では、恋愛関係を持つ個人間や、人生を共に過ごしてゆく個人間でも使われています。

このパートナーシップという概念を知ったとき、結婚が愛の証明である、という考え方は、本当に正しいのだろうか？　と疑問がうまれました。

結婚ということの事実を考えてみれば、結婚とは、婚姻法に基づいた協力的な相互関係を結ぶ社会制度のことです。社会制度ですから、メリットと同時に社会的ペナルティも存在します。

そのリスクも含めての相互関係を結ぼうと思える相手は、愛情のある相手であることが多いというだけで、婚姻法においては愛は必須条件ではありません。

結婚は、私たちがライフコミュニティをつくろうとするときに選ぶことができる、自由な社会制度のひとつであって、その社会制度を自分の心の中に愛情があることの証明として仮託する人々がいるだけ。

つまりそれは、結婚ができるから自分の愛が正しいのだということではないし、結婚の可否で愛を証明できるということでは、なかったのです。

重要なのは、愛情の表現と関係性

そうして、もうひとつ気づいた大切なこと。

それは「結婚をしなければいけないという呪い」に囚《とら》われていたときには、気づけなかったことです。

今思えば異常と思えるほど、結婚をする、ということに囚われていた頃、私の心の中には、常に、疑いと恐怖がありました。

自分は正常なのだろうか、自分の愛は本物なのだろうか、自分は本当にひとを愛せているのだろうか。

自分の愛が本物でなく、本当はひとを愛せてなんかいなくて、正常でないとしたら、自分は誰からも必要とされないのではないか。


つまり、結婚をして自分の心の中に真実の愛があることを証明しなければ、相手に自分の愛を信じてもらえない。

誰からも必要とされないのならば、生涯をひとりぼっちで孤独に生きることになるのだ、と、思っていたのです。

自分の一生が孤独にまみれた悲しいものにならないために、誰かに必要とされなければいけなくて、
誰かに必要とされるためには自分の愛が本物だと証明しなければいけなくて、
そのためには、結婚をしなければいけない。

そんな思い込みが、心の奥深くを支配していました。

そして、結婚ができないのなら、せめて恋人には嫌われないようにしないといけない、捨てられないようにしなければいけない、そんな強迫観念がいつも心を動かしていて、パートナーへの強い依存心や支配心をうみだしていました。


けれど、人生の中で共に時間を過ごしてくれた恋愛の相手や、人間という存在の正体を知りたくて学び続けた心理学をはじめとする学問、たくさんの多様な人々との出会いから、結婚をしなければ孤独になってしまう、という思い込みは誤りであると学びました。

心の中に相手への愛情があると、自分自身で感じられることこそが大切であって、本当は、私は自分の心の中に感じている愛情を表現するだけでよかった。

私が表現した愛情をどう受け取るか、示した愛情を信じてくれるかどうかは、相手次第なのだから。

自分が表現した愛情を相手が信じてくれること、同時に、相手が表現した愛情を自分も信じること、その愛情の交換関係が恋愛におけるパートナーシップなのだと理解したとき、恋愛の相手が異性なのか同性なのか、恋愛の相手と結婚ができるかどうか、ということよりも、恋愛の相手とどんな関係性を築いてゆけるかを考えるようになりました。

私がゲイであり、結婚という社会制度に参加できなかったからこそ、結婚をしなければ愛を証明できないという誤った思い込みや、結婚をしなければいけないという脅迫的な義務感から、自由になることができたのです。

親の期待に応えることは人生の使命ではない

パートナーシップとは何かを理解し、結婚制度が愛の証明ではないと思えたとき、愛情には恋愛だけでなく親子愛や家族愛、友愛もあると気づきました。

恋愛だけが愛の全てではないし、愛という感情や情動は、家族との間にも、友人との間にも存在すると感じたのです。

同時に、結婚をしなければいけないという脅迫的な義務感は、孤独になることへの恐怖以外にも、親の期待に応えなければいけない、という強い気持ちにも繋がっていたことに気づきました。

血の繋がりを断つことはできないのだから、自分の行いで家族の迷惑になっていてはいけない。

親は自分よりも年長なのだから、親の言うことのほうが正しい。

親に育ててもらったのだから、親の期待に応えなければならない。

親の期待に応えることが、親孝行だ。

親の望みを叶えてあげられない自分は、不完全な人間なのだ。

そんなふうに思う気持ちから、結婚することや子供を持つということが人生の最大使命のように感じられていて、それを実現できないであろう自分は、罪深い存在だと感じていました。

親の期待に応えられるかどうか、に、自分の存在価値を置いていたのです。

あなた自身の人生を生きる

けれど、自己肯定感が自分の手づくりの積み上げ式であるように、存在価値も、自分で定めてゆくもの。

だから、親の期待に応えることを自分の存在価値にしたくないのなら、自分で自分の存在価値を定めてゆけばいい。

親の期待に応えたいという願いと、親の期待に応えなければいけないという義務感は、全く別なもの。

親の期待に応えられなくても、それは当たり前のこと。
プログラムを決められたロボットのように、親の望む人生を生きなくてもいい。
私たちが幼い頃、親という存在は社会のルールだったけれど、今のあなたのルールは、
あなたが決めていい。
私たちの命は、私たち個人のものだから。

もしもあなたが、かつての私のように、結婚をしなければ愛を証明できないと思ってい
るのなら、それは間違いです。

あなたがあなたの心の中に、
あなたにとって愛と思える感情を感じるのなら、
それが愛の証明です。

もしもあなたが、かつての私のように、結婚をしなければ親孝行ができないと思ってい
るのなら、それは間違いです。

あなたがあなた自身の人生を生きることこそが、
ずっとずっと昔、私たちがこの世界に産まれたそのときに、
あなたの人生に望まれたことだから。

この広く孤独な社会の中だからこそ、あなたの人生のルールはあなたが創りだしてよいのだから。

あなたの心を知るワーク❸

あなたの義務感を明確にしてみよう。
〜すべき、〜しなければいけない、に続くことばを考えてみよう。

例：結婚しなければいけない
　　子供をつくらなければならない
　　仕事で正社員になるべき

あなたにはどんな価値観がありますか？
書きだしてみよう。

本当にその義務感はあなたに必要ですか？

4 愛情を交換する

恋とは炎、愛とは穏やかな熱

「付き合っているひとがいるのに、寂しさが消えず、必要以上に相手に依存してしまう」ということご相談を受けることが、実は、少なくありません。

異性愛の方々からも、セクシュアル・マイノリティの方々からも。

そんなご相談のときに、必ず直面するテーマが、恋愛やパートナーシップとは、そもそもなんだろう？　ということです。

愛情は、私たちが生きるために必要不可欠なものです。

例えば、呼吸するために酸素が必要なように、身体が生きるために栄養が必要なように、心には愛情が必要です。

私たちが愛情を求めるのは、生きるうえでごく自然なことなのです。

じゃあ、恋ってなんでしょう?

感情や感覚に基づくものですから、愛の感じかたも、恋の感じかたも、ひとそれぞれ違います。

ただ確かなのは、愛と恋は、どうやら違うものらしいということです。

多様な人々の心理相談をお引き受けする中で、恋という感情について、様々な感じかたをお聴きしました。

相手を強く求める気持ちを恋と呼んでいる方も、自分だけを見て欲しいと願う気持ちを恋と呼ぶ方もおられました。

ときには、自分以外のひとと関わって欲しくないと思う気持ちを恋と呼ぶ方もおられましたし、大好きな気持ちが溢れ過ぎていろんなことに不安になることが恋と感じる方もおられました。

そのどれもが、恋なのだと思います。

様々な方々の感じかたをお聴きし、自分自身の心にある感情を感じる中で、恋と愛というものは、焚き火のようだなぁ、と思いました。

いつでも火をつけることのできる木の薪《まき》が積んであって、何かの火種を得て小さく灯った火が、消えることなく少しずつ大きくなって燃え盛ると炎となり、ごうごうと燃える炎は、とても熱く、気流をうみ、炎がうむ光は、周囲をよりいっそう明るく照らし、景色をより鮮明に、美しく見せる。そうしてしばらく燃え続けた炎は、やがて、また少しずつ穏やかな火に戻る。火はやがて消えてしまうかもしれないけれど、薪は炭になって、その炭には炭火が宿り続けて、いつまでも穏やかな炭火を燃やし続ける。

そんなふうに、激しい感情が燃え上がった後につくられる穏やかな熱が、愛なのかもしれません。

共依存は恋愛の理想ではない

けれど、愛は、恋からしかつくられないのでしょうか？

私たちは、親愛や友愛、家族愛などのように、本当はたくさんの種類の愛を持っています。

だから、もしも恋という感情がわからなかったり、感じられないとしても、愛はどんなひとの心の中にも宿るものだと思います。どのような性愛のかたちを持っていても。

私たちの心は、必ずしも恋を必要としなくても、生きている限り、愛を求め続けます。空気や食べ物と同じくらい、必要不可欠で、重要なものだからです。

この愛というものを巡るやりとりに、人間関係、つまり、パートナーシップが関わってくるのですが、このとき、必ず共依存についても触れてゆくことになります。

長年の心理相談の中で実感したのは、共依存的な関係性を理想の恋愛関係と思っておられる方が、少なくないことです。

例えば、

彼氏や彼女は、私だけに愛を注いでくれるものだ。

恋愛関係にあるのだから、私だけに関心や興味を向けるべきだ。

彼氏や彼女なのだから、私のことを何よりも最優先にするはずだ。

私のことを好きなのだから、いつも私のことを気にかけてくれるはずだ。

彼氏や彼女なのだから、私のことを惜しみなく無条件に愛してくれるはずだ。

彼氏や彼女なのだから、私のことを支えてくれるはずだ。

こんな価値観でかたちづくられる、恋愛関係です。

心理学では、その関係性を共依存と呼びます。

自分を保ち続けるために相手からのいたわりや愛情を必要とする関係性が双方で結ばれたとき、共依存な恋愛関係がつくられるのです。

それは、パートナーシップではありません。


では、共依存とパートナーシップとでは、何が違うのでしょうか？

愛情飢餓が相手の心を食いつぶす

共依存は互いに一方通行な関係性ですが、パートナーシップの本質は「交換」です。

相手から愛情をもらったら、自分も返す。

自分が求める前に相手に渡す。

そんな愛情の交換は、どちらかがどちらかへ先に渡すことから始めなければなりませんが、必ず最後には同等になります。

愛情を渡したら愛情を返してくれる。

愛情をもらったら愛情を返す。

そんな信頼が、互いの間にあるからです。

共依存の根底にあるのは、愛情への不信と渇望です。

相手が愛情を返してくれるかわからないから、先にもらわないと不満だし、不安になります。

だから、求める気持ちが強くなります。

酸素が足りないときの肺のように、

空腹でたまらないときの胃のように、

愛情が欲しくてたまらない心の状態を、

愛情飢餓《あいじょうきが》と呼びます。

共依存は、愛情飢餓から起こります。

誰かに愛情をもらう方法しか知らないと、心を満たすためには、二十四時間いつでも誰かとの関わりが必要となります。

しかも、ただの関わりではなく、自分に強く愛情を注いでくれるひとでなければなりません。

愛情に深く飢えていればいるほど、深い愛を求めます。

特に、親から子に与えられるような深く無条件な愛情を求めるとき、親ではない他人から注がれる愛情は、膨大なものでなくてはなりません。

そんな強く深い愛情を求め続けると、ひとは相手の心を食いつぶしてしまうのです。

それでもなお求めずにはいられないから、支配や執着をして、相手が自分から離れていかないように一生懸命になります。

かつて、愛情飢餓であった頃の私が、そうであったように。

自分が飢えていることに気がつかず、愛情を注いでくれる優しいひとたちの心を、食いつぶしてしまっていたように。

この広く孤独な世界の中で、自分に愛を注ごうとしてくれるひとたちと出会えることは、奇跡のようなことなのに。

自分に愛を注いでくれる相手も自分と同じ人間なのだから、相手にも愛が必要だという当たり前のことも忘れて。

愛情飢餓から起こる共依存で、相手から、愛情を奪い尽くしてしまっていたのです。

大切なのは、愛情飢餓そのものは悪いことではない、ということです。

愛情が足りない状態が続けば、どんなひとも、必ず愛情飢餓になります。

重要なのは、愛情を、常に心に満たしておくこと。

愛情を得る方法を、いくつも持っておくことです。

ひとに愛情を与えてもらう方法しか心を満たす術《すべ》を知らないから、ひとに与えてもらうしかなくなって、ひとに依存し、共依存をつくりだしてしまうのなら、ひとに与えてもらう以外の方法を身につければよいだけ。

それは、自分から自分に愛を与えてあげることです。

自らを愛し、自立し、交換する

自分で自分を愛すること、それを自己愛と呼びます。

自己愛というと、何か身勝手なイメージや、自己陶酔的なイメージが多いようです。

身勝手なこと、自分のことだけに夢中である心は、自己愛ではなく利己心と言います。

利己心は、自分の利益や都合を最優先にしてしまって、他者の都合や心情を配慮しないこと。

自己愛は、自ら己を愛することです。

自分を愛するって、実はとても簡単なことです。

晴れた空を見上げて、気持ちよさを感じたり。

雨の音に耳を澄まして、心の波紋を感じてみたり。

瑞々《みずみず》しい緑の鮮やかさに、命のちからを感じたり。

美味しい珈琲や紅茶の香りを、胸いっぱいに吸い込んでみたり。

面白い本や漫画を、夢中になって読んだり。

スポーツの中で、汗を流す感覚を楽しんだり。

太陽の匂いのするシーツに寝転がって、休息したり。

何かをつくる時間を、愉《たの》しんだり。

美しいと感じられる何かを眺めて、感動を感じたり。

あなたが、あなた自身の心に満ちる何かを感じることができるなら、なんでもいいのです。

誰かに与えてもらったり、奪うことだけが、心を満たす方法ではないから。

自分で自分に愛情を与えることができたなら、相手から愛情を奪わなくても、自分の心を満たすことができる。

自分の心を自分で満たすことができたなら、その愛情を、相手に渡すこともできる。

愛情をひとに渡すことができるから、相手も愛情に飢えない。

相手も愛情に飢えないから、自分に愛情を注いでくれる。

そんな、愛情の交換が、パートナーシップなのです。

自立の定義は様々ですが、自立の本質は、自分のちからで生きてゆけるようになることです。

それは、金銭を稼ぐことだけではなく、自分で自分を愛せるようになること、でもあります。

あなたは、誰かに支配されなくてもいいし、誰も支配しなくていい。

自分で生きられるちからを持って自立を始めたとき、必ず、本当の意味で支え合える誰か、愛情を交換できる誰かと出会うことができるから。

誰かが与えてくれなくても、あなたの心の中に愛情は既にある。

あなたは、その愛情を、育ててゆけばいいだけ。

その愛情が育ったなら、誰かとの交換を始めてゆけば、いいだけ。

あなたが何者であっても、あなたが誰を愛していても、

あなたの心の中に、愛情は、もうあるから。

あなたの心を知るワーク❹

このビンの中にどんなお水が、
どれぐらい入っている
イメージが浮かびますか？

そのお水の量とお水の状態が、今のあなたの心の状態です。
お水が不足していると愛情飢餓かもしれません。また、お水の状態が良くないと、共依存をしやすいかもしれません。

あなたの心を満たせるものは何ですか？
書きだしてみよう。

ワンポイントアドバイス

満たせるものがわかったら、身の回りから探してみましょう。

5　人生の終わりから描く

悩むのは誠実に人生に向き合っているから

心理カウンセリングがどういう行いであるかを説明するとき、私はよく「自分らしい生き方を模索すること」と表現します。

これまでの心理相談の中で、様々なご相談を頂きました。

そのご相談のどれもが、本質的には、自分らしい生き方の模索なのだと思います。

心理カウンセリングは精神疾患のケアというイメージが強いのですが、本来は、困っていることを解決する術《すべ》を探す行いと言えます。

私たちの悩み事は、人間関係の悩みと、自身に関する悩みのふたつに大別できます。

人間関係の悩みは、友人との関係、仕事の人間関係、家族との関係、恋愛の相手との関係、社会活動で関わる何らかの人間関係で起こるものなど。

自身に関する悩みは、環境に関するもの、状況に関するもの、属性に関するもの、金銭に関するもの、趣味に関するもの、性質に関するもの、健康に関するものなどです。


ひととの関わりと自身に関する悩みは、つまり、誰とどのように関わり、自分の人生をどのようにしてゆくかということ。

私たちの悩みは、生きてゆく中で直面する心の課題を解決しようとするときに必要な、人生の模索なのです。

悩む自分は弱い、という価値観や、悩む自分は劣っているからだ、と思われる方がおられますが、それは間違いです。

ご自身の人生や存在に対して真摯だからこそ、人生の課題から目をそらさず向かい合い、解決方法を探す真摯さと誠実さがあるからこそ、悩むのです。


あなたは、人生について悩み事がありますか？　又は、人生について悩んだ経験がありますか？

もしも「ある」とすれば、それは、あなたが、ご自身の人生について一生懸命だからです。

それはきっと、大切なこと。

なぜあなたの悩みはなくならないのか

けれど、悩み事をしているとき、私たちの心は孤独ですよね。

道を歩くみんなは悩みなんてなく、楽しそうに過ごしているように見えて、自分だけが、出口のない迷路に迷い込んでしまったように感じられて。

なんとか迷路を抜けたように感じても、気がついたら、また迷路に迷い込む。

悩みという、終わりのない迷路に入り込んでしまったとき、自分の存在や心がぽつんと置き去りにされてしまうような、心細さを感じるかもしれません。

その心細さが、少しずつ心を疲れさせて、よりいっそう悩みを深めることも、あるかもしれませんね。

生きている限り悩み事はうまれるのに、悩みのゆくえがままならないのは、なおのこと、寂しくなるかもしれません。

人生というものを考えるときにうまれる悩みは、二種類あるのをご存知でしょうか？

ひとつは、過去を見つめることでうまれる悩み、もうひとつは、未来を見つめることでうまれる悩みです。

過去と未来を見つめるがゆえの人生の悩みのメカニズムは、認知心理学やアドラー心理学でよく扱われていますが、中でも、アドラー心理学では過去志向と未来志向と表現されています。


過去志向というのは、悩みの原因に焦点を当てることなのですが、悩みというものは原因があってつくられます。

先にあげた、友人、仕事、家族、恋愛、社会活動で関わるなんらかの人間関係や、環境、状況、属性、金銭、趣味、性質、健康などの自身のこと、何かしらに原因がありま す。

原因に焦点を当てて悩みを解決しようとするとき、私たちは、原因を取り除こうとしたり、原因を変えたりしようとします。

しかし、悩みの原因の多くは、自分の心の外側にあるものです。

他人の価値観を自分の思い通りに変えることはできませんし、社会の仕組みによってかたちづくられているルールや環境を変えることもままなりません。

また、自分の身体の性質や、生まれ持った属性を変えることも、多くの場合、理想通りにはなりません。

例えば私が、かつてゲイであることで自分を拒絶した人々の価値観を変えたかったり、母親しかいないことで、私に暴力をふるった人々の存在を否定したかったり、ゲイという性質や父親のいない子供であった過去を変えたくても、取り消すことも、変えることもできなかったように。

そう、過去のあるときに発生した悩みの原因そのものを変えることは、私たちにはできません。

悩みの原因となっている人物を変えようとしたり、悩みの原因となった自分自身の何かを変えようとするとき、私たちは無力です。

それでも、悩みの原因を変えることに必死になってしまうときも、ありますよね。

そんなとき、私たちは、過去そのものを変えようとしているのです。

失ったもの、得られなかったもの、叶えられなかったもの、果たせなかったもの、そんな過去が悔やまれて、未練を持つからです。

変えられないと理性ではわかっていても、なお、変えたいと望んでしまうのは、失った何かが、得られなかった何かが、叶えられず果たせなかった何かが、今このときも、大切だから。

けれど、既に過ぎ去り、手の届かないものを変えようとするとき、私たちの心にうまれるのは、無力感と挫折感です。

悩み事の原因に目を向け続けているとき、私たちは、過去からの延長である今を生きています。

失い、得られず、叶えられず、果たせなかった自分を、今も生きています。

だから、そんな今の延長である明日も、失い、得られず、叶えられず、果たせなかった自分が続いてゆく明日にしかならないのです。

大切だからこそ、手放せない。

手放せないから、変えようとしてしまう。

変えようとするけれど変わらないから、無力感や挫折感が悲しみをつくる。

悲しみがうまれ続けるから、悲しみが約束された明日がやってくる。

大切だったものをただ大切にし続けたいだけなのに、そのことが、悲しみをつくり続ける。

過去に対する未練と後悔が、過去志向から起こる悩みの本質です。

これには、終わりがありません。

これからも延々と続いてゆく、悲しみと後悔の無限のループです。

「今まで」ではなく、「これから」を変えてゆく

では、未来志向とはどのようなものでしょうか。

未来志向とは、悩んでいるできごとや悩んでいる自分をこれからどのようにしてゆきたいか、という考え方です。

悩みの原因を変えることはできませんが、悩んでいるできごとそのものは変えることができる。

悩みがあるということは変えられませんが、悩んでいる自分を変えてゆくことはできる。

悩みがうまれないようにすることはできなくても、うまれた悩みを変えてゆくことはできる、ということです。

例えば、悩みの原因になっている人物の価値観は変わらなくても、自分の伝え方や関わり方を工夫すると、相手の反応が変わり、結果が変わる。

例えば、悩みの原因になっている自分の性質や属性を変えられなくても、その性質や属性を持っている自分がこれからどうするかは選べる。

私たちは、未来のある一点を目指そうと決めたとき、その未来から逆算された今を生きるようになります。

あなたは、未来の自分がどんなふうだったら、自分らしいと思いますか？

どんなふうに人生を終えたなら、後悔なく満足できると思いますか？

大切なものを失った今までの自分、として今を生きれば、大切なものを失ったかつての自分が続く明日になる。

大切なものをこれから得られる自分、として今を生きると、大切なものを得られる未来の自分に繋がる明日がくる。

ずっと昔から自分が嫌いな今までの自分、として今を生きれば、自分を嫌いな自分が続く明日になる。

自分を好きな自分をこれから目指す自分、として今を生きると、自分を好きな未来の自分に繋がる明日がくる。

誰にも必要とされなかった今までの自分、として今を生きれば、誰にも必要とされない明日になる。

誰かに必要とされることをこれから目指す自分、として今を生きると、誰かが必要としてくれるそのときに繋がる明日がくる。

誰にも愛されなかった過去のある自分、として今を生きれば、誰にも愛されなかったかつての自分が続く明日になる。

誰かに愛される未来を目指す自分、として今を生きると、誰かに愛されるそのときに繋がる明日がくる。

変わらない過去を見つめるよりも、自分で自由につくってゆける未来を見つめたとき、私たちにとっての明日は変わる。

感じられる変化はほんの少しだけかもしれないけれど、明日という日の意味が変わる。

それが、未来志向です。

人生は終わりから描くと成功する

過去ではなく未来を見るというとポジティブなイメージがありますが、未来を見つめるからこそうまれる悩みがあります。

それは、不安と恐怖です。

過去は振り返ればそこにある確かなものですが、未来はまだやってきていない不確かなもの。

不確かなものを目指そうとするとき、うまくいくかわからない不安や、失敗するかもしれない恐怖が起こります。

やったことがないことだから、うまくできるかわからない不安。

うまくいって欲しいけど、失敗するかもしれない恐怖。

不安や恐怖は、未来を見つめることや、未来へ向かう歩みを鈍らせる。

それは、価値ある未来、大切に思う未来だからこそ、不安や恐怖が起こるのです。

不安を感じながらも挑むこと、怖さを感じてもやめないこと、その繰り返しの中で、自信はつくられていきます。


未来に目を向けることは、ときに恐ろしいことです。

まだ実現していない未来を思い描いたとき、成功するかもしれない期待と、失敗するかもしれない恐怖があるかもしれません。

大切に思うからこそ、失敗するかもしれない可能性が、より恐ろしく見えるかもしれません。

不確かな未来を目指すより、確かな足跡である過去を見つめるほうが、より確実に思えるときもあるかもしれません。


けれど、本当の失敗は、諦めてしまうこと。

あなたが、あなた自身の人生を諦めてしまうことこそが、本当の失敗です。

だって、そうしてしまったら、いつか心臓の鼓動が止まる瞬間を待つだけの毎日になってしまうから。


あなたが描きたいと思った未来は、その本質にあなたが気づいてさえいれば、かたちが変わっても必ず実現します。

環境や状況が違っても、実現したいと願う未来にたどりつくように、私たちの心はできているからです。

あなたは、他の誰かのためでなく、あなた自身のために未来を描いていい。

こんな人生の終わりなら後悔しないと心から納得できる人生の終わりを描き、そんな人生の終わりを迎えられる自分であるように毎日を生きるとき、あなたの周囲に広がる景色は、今までよりも、きっと、違った景色に見えるはずです。

あなたを取り囲む世界は変わらなくても、その世界の中を生きるあなたの見方が変わるとき、あなたから見える世界の景色も変わるのだから。

自分らしい生き方は、変えることのできない過去の延長にある明日ではなく、あなたが目指す未来へ向かう毎日の積み重ねの先にあるのだから。

あなたの心を知るワーク❺

未来のあなたはどんな人物ですか？
どこでどんな人々と共に、どんなことをしていますか？
そんな未来のあなたから、今のあなたに手紙が届きました。
その手紙にはどんなことが書かれていますか？

へ

年後の　　　　　　　より

その手紙には、あなたが後悔なく生きるために
必要なことが書かれています。

セルフヒストリー

差別とフォビア

差別意識は誰もが持ち得る

ゲイの心理カウンセラーとしての仕事を始めてゆくにあたり、大学で商学と経済学を学んだのは、とても大きなことだったと思います。

個人開業のカウンセラーがそもそも少なく、自分以外にＬＧＢＴ当事者のカウンセラーも探せず、ＬＧＢＴの心理支援のビジネスモデルもなかった時代でしたから、全てが手探りで、全てが初めてのことでした。

もしも、これを読んでいるあなたが心理カウンセラーとして仕事をしていきたいと思う方であれば、マーケティングと経営は、必ず学ばれたほうがよいと思います。

どれだけ素晴らしいサービス、どれだけ素晴らしいカウンセリングができるとしても、それをクライアントに届けることができなければ、ないのと同じだからです。

このときの苦労と経験が、２０１７年の現在に開催している、ＬＧＢＴ支援者のためのカウンセリング講座や、ＬＧＢＴＱＩの心理学講座、カウンセラー育成のために行っているカウンセラートレーニングの動機になっています。

かつての私のように、ＬＧＢＴの心理を知りたいと願う誰かが、きっと今もいるから。

かつての私のように、心理カウンセラーとしてどうすればいいか途方に暮れるひとが、今の時代だからこそ、きっといるから。


2017年現在、カウンセリングルームP・M・Rは創業してから約十年になります。

この十年の中、本当に様々な方々が、カウンセリングルームを訪れてくださいました。

おいでになることが難しい遠方の方や外国に住んでおられる方とは、お電話やスカイプを使ってお話を聴かせて頂きました。

レズビアン、ゲイ、バイセクシュアル、GID、DSD、アセクシュアル、ノンセクシュアル、パンセクシュアル、クエスチョニング、様々なセクシュアリティの方々。

セクシュアル・マイノリティ当事者と婚姻関係のある、異性配偶者の方々。

カミングアウトを受けた、ご家族や友人、職場の同僚や上司・部下の方々。

そして、パートナーシップや夫婦関係に悩む異性愛の方々、身体や精神にハンディを持つ方々、様々な発達障害の方々、血筋や国籍が日本人ではない方々、虐待を受けた方々や、DV被害に遭っている方々、アディクションに苦しむ方々。

セクシュアル・マイノリティに限らない、多くの方々が、心のお話をお聴かせくださいました。

そうして気づいたのは、様々なマイノリティには共通する心理性があるということ。そして、差別は多数派（マジョリティ）の人々だけの問題なのではなく、少数派から多数派への差別も存在するということにも気づきました。

そう、差別は、少数派から多数派に対しても向けられるのです。

そもそも差別というのは、人間が物事や他者を理解してゆく過程で起こる、ごく自然なできごとです。

心理学における差別とは、理解の一形態なのです。

差別をひもといてゆくには、社会心理学と認知心理学に基づいて差別意識と差別行動の違いを明確に理解しなければなりませんが、差別意識は、人間であれば誰もが持ち得るものです。

多数派だから差別する、少数派だから差別される、のではなく、人間は、誰もが差別をし、差別をされる、当事者です。

差別意識は誰もが持ち得るものであり、差別行動についての選択に、その個人のモラルや倫理観が反映されるだけなのです。

ニューヨークで気付いたこと

差別とは何かを深く理解できたのは、カウンセリングの研修でニューヨークに二回訪れたことも大きな要因です。

ニューヨークは、カウンセリングサービスが最も発達している街のひとつです。

そして、差別についても深い取り組みをしている街でもあります。

人種の坩堝と呼ばれるニューヨークでは、あらゆる人種、あらゆる国籍、あらゆるセクシュアリティの人々が、共存して暮らしています。

ニューヨークの街では、人々は差別をしないのではなく、差別をすることすらも、個人の自由のひとつです。

ただし、それは差別をしてよいということではありません。

あの街では、差別はよくないことだけれど、差別をするのは個人の自由だから、差別をするひとは差別をするひととなりの社会的扱いを受ける、ということなのです。

そんな街で、2013年に参加した、ニューヨーク・レズビアン・ゲイ・パレード。

約500万人が世界中から集まる、世界最大規模のこのパレードは、セクシュアルマイノリティの当事者や家族、セクシュアル・マイノリティを取り巻く様々な人々が、ニューヨークの街を歩きます。

様々なマイノリティの当事者として、誇りを持ちながら、笑顔で。

白人、黒人、黄色人種、あらゆる人種の混血、様々な人種の壁も飛び越えて、ただ、自分やコミュニティへの誇りを心に持って、広いニューヨークの街を歩くのです。

あらゆる人々が、あらゆる主張を掲げて。

他人の自由を認め、自分の自由を謳歌《おうか》する人々との触れ合いは、差別というものがただの勧善懲悪ではないことを教えてくれました。

そして、GMHC（ゲイ・メンズ・ヘルス・クライシス）では、LGBTの心理支援者として、大切なことを教えて頂きました。

GMHCは、世界でも初期にAIDSの人々へサポートを始めたグループです。

1900年代当時は原因のわからない死の病であったAIDSへの偏見や差別に加えて、人種、国籍、貧富の差など、様々な差別を受け容れながら、セクシュアル・マイノリティのサポートをし続けてきた団体です。

LGBTの心理支援を日本で根付かせてゆくために大切なことは、差別との戦いはひとの心を動かすことであるということ、そして、マイノリティの公益性という考え方でした。

自分から自分への差別

差別意識は、ひとがあるものに注目するときに発生します。

それまで知らなかった何かを理解しようとするとき、理解するための正確な知識や充分な情報が脳内にないと、人間は、足りない部分を空想や想像、過去に経験した類似情報で補います。

この、不十分な知識や情報を補うためにつくられたものを、偏見と呼びます。

そして、この偏見により結果的に形成されるネガティブなイメージが、差別意識です。

差別意識とは、新しい存在や経験に遭遇するとき、知識や情報が足りなければごく自然にうまれるものなのです。

このネガティブなイメージによって起こる行動が、差別行動と呼ばれるものです。

もしも、今この本を読んでくださっているあなたが、差別について関心のある方であれば、これらのことを詳細に解説している、社会心理学や認知心理学を学ばれるとよいでしょう。

差別において重要なのは、差別は、他人から自分へ、自分から他人へ向けられるばかりでなく、自分から自分へも向けられるものだということです。

あなたは、あなた自身のことを、どれだけ詳しく、深く知っていますか？

あなた自身の、性格、性質、気質、価値観、感情、感覚、願望、欲求、認知傾向、自意識、無意識、ルーツ、属性、体質、他、あなた自身を構成する様々な要素を、ご存知でしょうか。

もしも、あなたがあなた自身への理解が不確かであるならば、もしかしたら、自分で自分を差別していることがあるかもしれません。

多様な生き方と多様な関係性

多くの方々の心理相談をお引き受けする中で、私は、人間には様々な生き方があることを教えて頂きました。

その中で、パートナーシップもまた、多様であることを学びました。

私の人生に強く影響を与えたのは、モノガミーとポリガミーという指向でした。

もとは文化人類学の中で使われていた言葉で、モノガミーは一対一のパートナーシップを示し、ポリガミーは一対多数や多数対多数のパートナーシップを示します。

モノガミーやポリガミーが、概念なのか、それとも性的指向のひとつなのかは、この本を書いている今このときも、様々な検証が行われているようです。

モノガミーやポリガミーを知らなかった頃、亡くなった彼やパンダさん、たったひとりだけに恋愛感情が向かない自分を、かつて私自身が、異常であると思っていました。

パンダさんに深い恋愛感情を感じる一方で、亡くなった後も変わらない初恋の彼への愛情と、そして、時々起こる、誰かへの恋愛。

それらは、私が父親を知らない母子家庭で、健全な家庭に育つことができなかった虐待サバイバーだからで、異性愛ではないゲイだからなのではないか、という、自分への疑念がいつも深くにありました。

けれど、多様な方々の心のお話を聴かせて頂く中で、複数恋愛をしてしまうのは、自分だけではないということに気づきました。

モノガミーは多数派で、異性愛、同性愛、両性愛、それぞれの当事者に、モノガミーの方々がおられました。

しかし、ポリガミーも、異性愛者にも、同性愛者にも、両性愛者にも、それぞれ存在していたのです。

モノガミーやポリガミーもセクシュアリティのひとつだと考えるなら、ポリガミーも、私のセクシュアリティのひとつと言えるのかもしれません。

たったひとりだけに恋愛感情を向けるように努力をしても、それがどうしてもできなかった感覚は、ゲイである自分がどれだけ努力をしても異性愛者になれなかった感覚と、よく似ているからです。

たったひとりだけに恋愛感情を感じることが普通で、それ以外は異常なのだ、という偏見と差別に囚われていたのは、私自身だったのです。

そうして、パンダさんと出会ってから十年が経った頃、出会ってからずっと二人暮らしをしてきたことで、互いに一人暮らしをしたいと考えるようになっていた私たちは、一人暮らしをすることにしました。

そして、たくさんのことを話し合い、私たちは「彼氏」という役割を手放すことにしました。

彼氏だから〇〇しなきゃ、彼氏だから〇〇するべきだ、そんな義務感の中で、おかしな喧嘩をすることが多くなっていたのです。

喧嘩をした後は、互いのことがそれまでよりも少しだけわかる、そんな楽しい喧嘩ではなくて、モヤモヤとしたものが晴れず、後を引く。

何かを解決したり、よくしようとするための喧嘩ではなく、ただただ、息苦しさが残る喧嘩でした。

きっと私たちは、いつの間にか役割に縛られていて、彼氏としての義務を果たすことに頑張るようになっていたのです。

彼氏でなくなるとしたら、私たちは見知らぬ他人同士になるのだろうか？

そう話し合ったとき、好きな気持ちや愛情は十年経っても心の中にあって、嫌いになったわけでも、憎んでいるわけでもない。

ただ、彼氏という役割が重たくて、ふたりの関係性を窮屈に、不健全にしていただけ。

私たちの関係性をどう表現すればよいか考えたとき、しっくりくるのは、パートナーという言葉。

私たちにとって「彼氏」は役割だったけれど、「パートナー」はこれからも続いていく関係性のことなんだ、と気づいた瞬間でした。

行き来しやすいように、互いの新しい部屋は一駅の距離。

気が向いたら遊びに行き、遊びに来る。

予定が合えばふたりで出かけて、それぞれの部屋に帰る。

二人暮らしだった頃とは違う、一人暮らしとひとりの時間を楽しんでいた頃、あるひとと出会いました。

のちに二人目のパートナーとなる、マイティさん（仮名）との出会いです。

三人の家族

この頃私は、カウンセリンググルームP・M・Rを経営しながら、心理学やカウンセリングを教える講師として、大学や民間企業で委託業務を引き受けていました。

民間企業から引き受けている委託業務はかなり業務範囲が広く、朝早くに出て終電で帰る、そんな生活をしながら、大学からの依頼や、カウンセリンググルームP・M・Rで引き受ける個人カウンセリング、個人や組織へのLGBTQIビジネスコンサルティングを行っていました。

多忙な時間を過ごす中で、マイティさんは時々私の部屋に遊びに来るようになったのです。この頃、マイティさん自身はある人間関係のトラブルに巻き込まれてトラブルから避難をするためにも私の部屋に来ていました。

食事の時間をまともに取れない私のために食事を用意してくれ、仕事から帰ると、食事をしながらマイティさんの相談に乗る。

そんなマイティさんとの時間はとても不思議で、穏やかな時間でした。

一人暮らしの時間を楽しみながら、パンダさんの部屋に遊びに行き、時々、マイティさんとの時間も過ごす。

マイティさんがつくったケーキをパンダさんに渡しに行きながら、マイティさんのことをパンダさんに話す。

そんな時間の中で、マイティさんに対して愛情を感じている自分に気づきました。

恋をしてから愛情がうまれるものだと感じていた私にとって、気がついたら愛情があったマイティさんは、とても不思議な存在だったのです。

マイティさんへの愛情を自覚した後、急にマイティさんのことが四六時中気になり始め、それが恋だと自覚したとき、マイティさんと話をしました。

そうして、マイティさんと話し合い、パートナーとなることを決めました。

この頃、私は、もう少し広い部屋に引っ越したいと考えるようになりました。

そして、当時のワンルームから2LDKに引っ越すことを決めたのです。

2015年の終わりの頃でした。

新居への引っ越しの荷解きの中、パンダさんにマイティさんを、マイティさんにパンダさんを紹介しました。

私の心配をよそに、パンダさんとマイティさんはあっという間に仲良くなり、私が仕事や用事で外出しているとき、ふたりは一緒に遊びに出かけ、休みが合うときには三人で出かけました。

そうして、やがて私たちは、三人でご飯を食べることが増え、三人で過ごすことが多くなりました。

主に過ごしていたのは、私の部屋。

私たちは、時々パンダさんの部屋に遊びに行き、時々マイティさんの部屋に遊びに行き、私の部屋に帰るようになりました。

やがて私たちは、小さな一戸建てに引っ越しをしました。

私たちの関係性をなんと表現すればよいか、私自身、わかりません。

ただ、私とパンダさん、私とマイティさんはパートナーで、パンダさんとマイティさんはよくわからないけれど私の知らないところでも互いを助け合っていて、私たち三人はたぶん、家族なのです。

孤独な世界の、片隅で

今、私は、世の中の多くのひとたちとは全く違う生活をしているけれど、
私たち三人は、
朝起きたらおはようと言い合い、
誰かが出かけるときには行ってらっしゃいと言い、
帰ってきたらただいまとおかえりを言い、
一緒に映画を楽しみ、
亡くなった彼の遺影を飾り、
合わない生活習慣に文句を言い合い、
同じ洗濯機でまとめて衣類を洗い、
たまに文句を言いながら掃除をし、
一緒の食卓で同じご飯を食べ、
順番に風呂に入り、
時々は、それぞれの部屋でひとりの時間を楽しみながら、
おやすみを言い合って、同じ屋根の下で寝ています。

私は、ゲイで、異性愛者の関係性を前提につくられた社会のルールに参加することはできないけれど、
だからこそ自由に、どんなかたちのパートナーシップでもつくることができるのかもしれません。

互いを傷つけないことを重視するのではなく、
嘘をつかないことを大切にし、
どんなとき、どんなことでも、
言いづらかったり、後ろめたいようなことであっても、
必ず話し合って考えて、解決していくこと。

ずっと昔に、パンダさんと考えた大切なことを、今は、パンダさんと、マイティさんと、三人で大切にしながら。

毎日を全力で生きている自分と、

生涯を共にしてゆくパートナーたちと、
自分を生かしてくれた今も大切な故人と、
変わらずに側にいてくれる優しい友人たちと、
同じ志のもとで励む仲間たちと、
関わってくれるたくさんのひとたちを、
こんなにも、愛しながら。
この広く、孤独な世界の、片隅で。

6 仕事の「意味」を変える

なぜ仕事に悩むのか？

あなたは、自分らしい仕事をしていますか？

「自分に向いている仕事が見つからない」「やりたい仕事がわからない」、そんなご相談を、よくお引き受けします。

そして「仕事は楽しいけれど、仕事以外に楽しいことがなくてつらい」「仕事から離れると、ひどく不安になる」というご相談も、よくお引き受けします。

仕事というのは、私たちにとって悩みの理由になりやすいもののひとつです。

仕事に関する悩みは、給与の金額、雇用形態、就業条件など、いくつかの観点に分類することができます。

悩みとなる要因は様々ですが、仕事の悩みの本質は、費やしている時間やエネルギーに見合わないということです。

この仕事の悩みを追求していくと「やりがい」という感覚にたどりつきます。


やりがいとはなんでしょう？

心理学において、私たちは、物事に意味付けを行い、感情を想起すると言われています。

意味付けとは「なんのためにそれをするか」ということや「なんのためにそれが起こったか」ということです。

この意味付けが、様々な感情を感じる要素となり、結果として充実感や達成感をつくりだします。

私たちは、充実感や達成感を得るために物事を行い、その物事の象徴のひとつが仕事である、と言っても過言ではありません。

この「仕事」というのは、社会人にとっての仕事だけでなく、学生にとっては学業、家庭人にとっては家事を含むものです。

仕事の悩みを感じている多くの方々のお話を聴かせて頂いていると、仕事についての意味付けにネガティブな認知が関わっていることに気づきます。

認知というのは、簡単に言えば「物事をどんなふうに認識していて、知覚しているか」ということです。

私たちは、物事の事実を見ているのではなく、認知というフィルターを通して見ています。

例えば、太陽とは何か、という投げかけに対して、太陽は明るいもの、太陽は丸いもの、太陽は天体である、太陽は暖かいもの、太陽は眩しいもの、太陽は白いもの、太陽は絵に描くと赤いもの、太陽は遠くにあるもの、太陽は太陽系の真ん中にあるもの、太陽は恒星である、など、様々な捉え方ができますよね。

これらは、全て正解です。

太陽というひとつのものに対して、私たちは、とても多くの認知を持っています。認知の数だけ、正解があるのです。

仕事というできごとについての認知も同じです。

仕事を行う人々それぞれに、そのひとなりの認知があります。

あなたは、仕事というできごとを、どのように認知していますか？

仕事をどう意味付けるかが鍵

仕事をただの作業と認知していると、多くの場合は、苦痛を伴います。

ただ単調な動作を繰り返すだけの作業には、私たちは、肯定的な意味付けをできないからです。

「なんのためにこの作業をしているんだろう、ひょっとしたらこの作業をする価値や意味なんてなくて、自分は無価値で無意味なことをしているんじゃないだろうか」、そんな意味付けをしてしまうと、その意味付けは、失望感、挫折感、無力感、絶望感、無価値感、無気力感、のような感覚をつくります。

その感覚が、不安、悲しみ、寂しさ、恐怖、怒り、などの感情をうみだし、苦痛を感じるのです。

では、そんなふうに苦痛を感じる意味付けは間違いなのでしょうか？

答えはノーです。どのような意味付けも、そのひとにとっては正解だから。

ただし、その意味付けが、必ずしもそのひとを幸せにはしない、ということです。


仕事に自分らしさを感じなかったり仕事が楽しくないのは、その仕事が自分に合っていないのではなくて、その仕事に苦痛を感じる意味付けを行っているからです。

そう、「自分に向いている仕事」や「やりたい仕事」というのは、そういう仕事が社会のどこかにポンと落ちているわけではなくて、自分が引き受けた仕事をどんなものと認知し、どんな意味付けをするか、によって感じるものなのです。


この認知に気づいた方からよく頂くのは「じゃあ、どんな意味付けをしたら、仕事が楽しくなるの?」というご質問です。

これはひとそれぞれによって答えが異なるものですが、本質的には「創りだすこと」を意味付けすることです。

ご自身の仕事が、何を創りだしているかを考えてみてください。

どのような仕事も、必ず、何かを創りだしていますから。

それは、間違いなく、あなたが創りだしているものです。

あなた自身が、あなたの手で。

仕事は人生における一部分でしかない

しかし、仕事にやりがいや楽しみを見いだしているはずの人々も、苦痛を感じることがあるようです。

やはり仕事に対する意味付けが、ネガティブなのでしょうか？

そうではありません。

ネガティブな意味付けをしている対象が、仕事ではないのです。

「仕事は楽しいけれど、仕事以外に楽しいことがなくてつらい」のは、仕事以外の物事に対する意味付けが、

「仕事から離れると、ひどく不安になる」のは、仕事をしていないときの自分に対する意味付けが、

それぞれにネガティブな意味付けを行っているから、仕事以外に楽しみがなかったり、仕事をしているときにしか安心ができないのです。

仕事というのは、私たちの日常の半分以上を占める行いです。

そのため、つい仕事が楽しければ毎日が楽しいはず、と思い込みやすいのですが、仕事は、私たちの人生における活動のひとつ。

人生における活動は仕事だけでなく、趣味や対人交流も重要な要素で、それら全てが社会活動です。

趣味の時間によって個人としての自分を充実させたり、社会活動で自分にできることを実感し、友人や家族、恋愛の相手などの様々な人々との関わりの中で、自分自身が社会においてどんな存在かを感じ取っています。

そう、私たちは、仕事というものを考えながら、実は、社会という世界や自分という存在について考えているのです。

社会や自分とは、なんでしょう。

心理学において、「社会」とは個と個が集合してかたちづくる集まりのことです。

そして、「自分」というものはいくつかの定義や捉え方がありますが、わかりやすいもののひとつは「存在」です。

たくさんのひとがいて、たくさんのできごとが起こり、たくさんの物が溢れている。

社会は、とてもたくさんの人々や物事で構成されている、大きな大きな集合体です。

そんなふうに、ありとあらゆるものが無数に広がる世界の中では、自分という存在は、ただの点に過ぎない。

無数のものの中のたったひとつの点に過ぎない自分が、ただ息をして、ただ生きているだけでは、誰にも評価されなかったり、生きている意味を実感することも難しい、そんなときもあるかもしれません。

何もせずにただいるだけでは誰にも認知されない、そんな、この広く孤独な世界の中で、私たちは、自分の存在に対する価値や意味付けを求め、存在の証明を求めずにはいられないのです。


カウンセリングの時間の中でクライアントとご一緒に社会や自分という存在を探究してゆくと、やがて、ひとつの言葉にたどりつきます。

それは、命です。


命って、なんでしょう。

あなたの命から何を創りだすか

よくよく考えれば、命というのは不思議な概念です。

物理学の観点から考えれば、世界の全ては物理現象です。

物体は物質の塊で、物質は原子の集合体。物体が動くというのは、エネルギーが移動していくだけ。物体の劣化は、時間と共に物質の構成が変わってゆくだけ。

世界は、ただただ、物理現象によってシンプルに動いているだけですよね。

太陽も、雲も、空も、道路も、建物も、服も、食べ物も、本も、文字も、全てが物理現象としてそこにあり、ただ動き、変化しているだけ。もちろん、人間も。

一切の感情を交えずに物理現象として人間を見れば、ただの動く肉袋です。

私たちが蛋白質や炭素と呼ぶ様々な物質の塊が、ただ動いているだけ。

愛するひとと触れ合うことも、小石と小石がぶつかるように、ただ物体と物体が接触しているだけ。

けれども私たちは、ひととひととの触れ合いに、感情と感情の交流に、言葉を交わして心を感じ合うことに、自分や他者を愛するということに、小石と小石がぶつかることとは異なる意味や価値を、見いだしています。

とても大切で、重要で、道に転がる小石ではない尊い何かを感じるものを、私たちは命と呼んでいます。

失われて欲しくない、いつまでも側にあり続けて欲しいと願う、とても大切で、いつか失われてしまう何かを。

あなたにとって、命とはなんですか？

その命の意味付けが、あなたという命からつくられるもの全ての意味と価値を決めています。

趣味や社会活動、恋愛、友人や家族との関係、そして、仕事。

あなたは常に、命を使って何かを創りだしています。

あなたは、あなた自身の命に、どんな意味付けをしていますか？

あなたの命を使って、あなたは何を創りたいですか？

命を使って創りだすものが、あなた自身を幸せにするものであれば、あなたの毎日は幸せになる。

けれど、あなた自身を不幸にするものを創りだせば、あなたの毎日は不幸になる。

命を使って創りだすものが、ひとの幸せに貢献するものであれば、あなたはひとに恵まれる。

けれど、ひとの幸せを壊すものであれば、あなたはひとから遠ざけられる。

命を使って創りだすものが、あなたにとって楽しいものであれば、あなたの毎日は楽しくなる。

けれど、あなたにとってつまらないものを創りだせば、あなたの毎日はつまらなくなる。

命を使って創りだすものが、あなたにとって価値のあるものであれば、あなたの命に価値を見いだすことができる。

けれど、あなたにとって無価値なものを創りだせば、あなたは自分の命に無価値を感じるようになる。

あなたが自分の命を使って何を創りだすのも、あなたの自由です。

そして、あなたがこれまで創りだしてきたものが、今のあなたの日々と周囲を彩っています。

もしも、あなたがこれまで創りだしてきたものが、あなたにとって幸せに繋がるものでないとしたら、これから創りだす幸せなものと、ひとつひとつ交換してゆけばよいだけ。

そうして、あなたにとって価値のある、あなたを幸せにするたくさんのものに恵まれながら毎日の時間を過ごして頂けたなら、あなたの命と人生は、それを使って行う仕事は、あなたにとって意味と価値のあるものになります。

大丈夫。
世界は広く、孤独だけれど、
あなたは生きてそこにいて、
あなたは命を持っていて、
その命を使って、なんでも創りだすことができるから。

今、このときからでも。

あなたの心を知るワーク❻

今、あなたは以下のような活動で何を創っていますか？
書きだしてみよう。

仕事	趣味
人間関係	未来

あなたが本当に創りたいものはなんですか？
書きだしてみよう。

仕事	趣味
人間関係	未来

ワンポイントアドバイス

何を創りだすかではなく、あなたが創りたいものか
どうかを大切に考えてみましょう。

7 孤立社会を生きる

孤独と孤立を混同してはいけない

私がゲイの心理カウンセラーとして開業したのは、2007年の頃でした。ちょうどインターネットの世界で様々なサービスが普及し、LGBTが使いやすいSNSサービスが開始され始めた頃でもあります。

そうした時代の変化に伴って、LGBTの世界では大きな変化がありました。それは「LGBTの仲間と出会うことが容易になった」ということです。SNSを通じて、心許せる友人を得たり、恋人やパートナーと出会うことが、それまでよりもずっと容易になりました。

LGBTはAB型や左利きの人々と同じくらいの割合でいる、とは言うけれど、誰が自分の仲間であるかは、カミングアウトをしないとわからない。

白一色の世界の中で、自分だけが黒い点のように周囲から浮いている、そんな隔絶感と孤独感を感じやすいLGBTにとって、マイノリティは自分ひとりではないということが実感できるSNSの登場は、とても大切なことでした。

孤独を理由に、ひとは命を絶つことができるいきものです。

だから、仲間と出会えるようになったということは、生き延びやすくなったということでもあります。

けれど、「孤独」が稀釈《きしゃく》された代わりに、より強化されたものがあります。

それは「孤立」です。

そしてあるとき、この孤立の強化という現象は、LGBTに限ったことではないことに気づきました。

それは、カウンセリングルームP・M・Rが、LGBT当事者に限定せず、どなたにでも開かれた場所であったことが大きな理由だったことは間違いありません。

多数派であるはずの異性愛者の人々の心の中にも、孤独と孤立があると教えて頂くことがなかったとしたら、私は、多数派になれば孤独が解決するという幻想に、今も囚われていたと思います。

カウンセリングの中で、孤独、孤立、自立は、取り組む機会の多いテーマです。

ＬＧＢＴ当事者の方、ＬＧＢＴ当事者の親や兄弟姉妹の方、ＬＧＢＴ当事者と婚姻関係を持つ異性配偶者の方、そんなＬＧＢＴに関わる人々だけでなく、この社会の中で生きづらさを感じる、たくさんの異性愛者の方々も。

誰の心の中にも孤独があって、自立の課題があり、孤立してしまっている現状がありました。

異性愛者やＬＧＢＴ当事者にかかわらず、様々な方々の心のお話を聴かせて頂く中で、多くの方々に認識の誤りがあることにも気づきました。

孤独と孤立を混同していること、そして、自立の仕方を間違えて孤立してしまっていることです。

あなたは、孤独、孤立、自立は、どう違うと思いますか？

弱いから孤独を感じるのではない

私はかつて、孤独であることが悲しくて、恥ずかしくて、寂しくて、自分の心の中にある孤独感を消したいと願っていました。

孤独感がなくなれば、悲しくなくなり、寂しくなく、恥ずかしがらずに、安心してひとと関われると思っていたのです。

その頃の私は、自分がゲイだから自分を好きになれないし、育ち方がほかのみんなと違うから明るくない、恋愛のスタイルもみんなと違うから恋人と長続きせず、家族とも疎遠だから不安があって、孤独なのだと思っていました。

そして、仕事で優秀な成果を出していないから自信が持てないと思っていたし、将来や生活に不安があるから自立していないのだと思っていました。

異性愛者の人々のようになれば自分を好きになれると思い、賑やかで華やかなパーティに出かけたり。

安全な家庭に育った人々のように振る舞えば前向きになれると思い、常に明るく良いひとであろうとしたり。

たったひとりと深く付き合えば愛情で満たされると思い、恋人を束縛したり束縛されようとしたり。

家族の期待に応えられることが一人前の証だと思い、女性との結婚や子作りを模索したり。

身を粉《こ》にして働けばより高い成果が出せると思い、寝食を忘れて仕事にのめり込んだり。

貯金があれば将来や生活に安心が持てると思い、人づきあいや趣味を減らしてとにかく貯金をしたり。

けれど孤独は消えず、むしろ、ぽつんと取り残されたような、大勢の中の孤独感を感じることが増えていきました。

ひとと関われば関わるほど恥ずかしさは強くなり、頑張れば頑張るほど寂しさは大きくなり、他人との距離はどんどん開いて劣等感は強まり、関わる人々の中で孤立していったのです。

なぜなんだろう、何をどう間違えたんだろう、と考え、様々な心理学をひもといたとき、いくつもの誤解と思い違いに気づきました。

弱いから孤独を感じるのではなく、立派な仕事ではないから自立できないのでもなく、劣っているから孤立していたのではなかった。

本当は、

孤独とは、この世界で自分がただひとりだと感じること、
孤立とは、人間関係を自ら遠ざけること、
自立とは、自分のちからで生きていけるようになること、
だったのです。

孤独と上手に共存する

自分と全く同じ存在はいないのだから、孤独を感じるのは自然なことで、
劣等感や不安や恐怖からひとを遠ざければ、孤立するのは当たり前で、
他人がいなければ生きていけないのだから、自立できないのも当たり前のことでした。

孤独である劣等感から、みんなと同じ普通になろうとして、けれど、自分を肯定すること はできず、
孤独への恐怖を認めたくないから、怒りがいつも一杯で本来の自分の感情を実感すること がなく、
孤独ではないと思いたくて、愛の証明にこだわり、他人の期待に応えて存在価値を得よ

うとし、

孤独にならないために、愛を奪い尽くして愛情飢餓になり、共依存関係をつくりだし、孤独はなくなると思い、孤独な理由や原因を探そうとして過去を見つめ続け、孤独を感じたくなくて、不幸な意味付けをしながら苦痛を感じる仕事に命を使い続け、そうして、いつまでも自立できずに、どんどん孤立していました。

消えるはずのない孤独を消そうとし、自立とは何かを思い違えて孤立していたのです。

社会は便利になって、自分と同じLGBTと出会うことや、LGBTを拒絶しないひとたちとの出会いも簡単になったはずなのに、なぜそうなるんだろう？

そして、LGBTに限らず、孤立するひとがどんどん増えていくのは、なんでだろう？

そう考えたときにわかったのは、孤立というのはコミュニケーションツールが発達したからこそ、起こっている現象だということです。

便利なコミュニケーションツールを使えば、孤独は稀釈され。

孤独が稀釈されることで、ひとと関わる理由が薄れ。

ひとと関わる理由が薄れることで、ひとと関わる必要性も薄れ。

ひとと関わる必要性が薄れることで、ひとを深く知る機会も薄れ。

ひとを深く知る機会が薄れることで、深い関係性を結ぶ他者も減る。

そうして、孤立が起こり、ときにより孤独が深まり、いっそう孤立する。

ひとりで生きざるを得ないという孤立と、ひとりで生きていけるようになるという自立はよく似ているから、気づかずに、より孤立する。

それを理解したとき、現代は、孤立社会であると思いました。


社会は便利になって、コミュニケーションツールは発達し、とてもたくさんの、多様な人々と出会うことができるようになりました。

それでも、ひとは、生きている限り、孤独を感じずにはいられないのです。

この世界に、自分という存在はたったひとりだけだから。

孤立社会の中で大切なのは、孤独を受け容れて、孤独感と上手に折り合いをつけてゆくこと。

孤独と上手に共存するために自立し、自立した人間同士の関わりを増やすことが大切だったのです。

孤独を受け容れて、自立を始める

あなたは、孤独が怖いですか？

もしも孤独が怖いのなら、それは、あなたが、この世界にたったひとりだけの存在だからです。

あなたはこの世界にたったひとりしかいなくて、それは、確かに孤独なことだけど、あなたが自ら他人の手を手放して閉じこもってしまわない限り、あなたはひとりぼっちにならない。

誰かがあなたを孤立の暗闇に閉じこめているのではなくて、誰かがあなたの人生を縛り付けているのでもなくて、もしかしたら、あなた自身が、心の扉の内側に閉じこもっているだけかもしれない。

自分以外に誰もいない心の内側から見る世界が、冷たくて、残酷で、自分だけが孤立した世界に見えているだけかもしれない。

心の扉は内鍵だから、あなた以外のひとには開けられません。

誰かにあなたの人生の主導権を渡したとしても、そのひとにも、あなたの心の扉は開けられない。

ひとと深く関わることは、ときに怖いことだけれど、あなたの心の内側に他人を受け容れる勇気を持ったなら、あなたの孤独はあなたを苦しめない。


この広い世界の中を自分の足で歩き、自分のちからで生きてゆくことは苦難があるけれど、自分の命を活かし、自分で自分を生かせるようになったとき、あなたは、誰かを支えることができるようになる。

そして、そんなあなたと支え合いたいと思うひとたちと愛情の交換をしてゆくとき、あなたはきっと、生涯の孤独の冷たさを暖め合える誰かとも、出会っているはずだから。


孤独な世界の歩き方。

それは、完全であろうとすることじゃなく、自己肯定感を積み上げてゆくこと。

自然に心の中にあるものを拒絶するのではなく、グラデーションのように色鮮やかな感情を心に満たすこと。

他人が定めた価値観で自分を価値づけするのではなく、自分で自分の存在価値を定めてあげること。

ひとから愛情を奪うのではなく、自ら愛情をうみだしてひとと愛情を交換し合うこと。

過去を見つめて無力感を感じるより、後悔しない人生の終わりに続く今日を生きること。

ネガティブな意味付けで苦痛をうむのではなく、大切な命をあなたが望む何かを創りだすために使うこと。

そして、こんなにも広く孤独な世界を、ひとりで生きる勇気を持つこと。

孤独を受け容れて、自立を始めること。

大丈夫。

あなたは、きっと、ひとりぼっちではないから。

大丈夫。

あなたは、必ず、誰かと出会えるから。

大丈夫。
あなたには、必ず、そのちからがあるから。
大丈夫。
あなたは今、こうして、生きているのだから。
大丈夫。
こんなにも孤独な世界を、今まであなたは生きてきたのだから。
大丈夫。
あなたにも生きる強さがあるのだから。
大丈夫。
あなたは、あなたらしく、この孤独な世界を生きてゆけるから。

孤独な世界の歩き方
大切な7つのこと

— 1 —

完全であろうとすることじゃなく、
自己肯定感を積み上げてゆくこと

— 2 —

自然に心の中にあるものを拒絶するのではなく、
グラデーションのように色鮮やかな感情を心に満たすこと

— 3 —

他人が定めた価値観で自分を価値づけするのではなく、
自分で自分の存在価値を定めてあげること

— 4 —

ひとから愛情を奪うのではなく、
自ら愛情をうみだしてひとと愛情を交換し合うこと

— 5 —

過去を見つめて無力感を感じるより、
後悔しない人生の終わりに続く今日を生きること

— 6 —

ネガティブな意味付けで苦痛をうむのではなく、
大切な命をあなたが望む何かを創りだすために使うこと

— 7 —

こんなにも広く孤独な世界を、ひとりで生きる勇気を持つこと
孤独を受け容れて、自立を始めること

おわりに

カウンセリングルームP・M・Rの「P・M・R」ってなんですか？　と、よくご質問を頂きます。

このエピソードを話すときにはいつも、なんだか恥ずかしくなってしまうのですが、きっかけは大学生の頃に見たTV番組でした。その番組は、油絵の特集番組だったのですが、その番組の中で、一度描いた絵の上に全く別な絵を描く手法が紹介されていました。

それは、最初の絵が失敗したから上描きした、というのではなくて、完成された絵の上に異なる絵を描くことでその絵の価値をより深め高める、という意味が込められていると画家の方が言っていました。

そのお話を聴いたとき、ハッと目が醒め、物凄い衝撃で心臓を打たれたように感じ、ドキドキが止まりませんでした。

それまでの私は、自分の人生というものを絵に例えるなら、他人の手でキャンバスをズタズタに切り裂かれて、他人の手でめちゃくちゃに落書きをされてしまって、自分では望みもしなかったひどい絵を抱えて一生を生きていかなければいけないんだ、と思っていました。自分の意思なんてどこにもない、他人が好き勝手に描き殴った絵を眺めながら、絶望して生きていくしかない、と、思っていました。

けれど、人生が絵のようであるのなら、その油絵のように、もう一度、新しい絵を描くことができるのかもしれないと思ったのです。

最初の絵を否定することも、削り取って拒絶することもなく、破れたところは直して、そうしてまた新しい絵を、今度は自分の手で。

人生という絵を彩ってゆく絵の具はきっと、感情と呼ぶもの。愛しさも、悲しさも、楽しさも、寂しさも、たくさんの感情を教えてくれたひとたちがいた。

遊び半分に誰かに描かれてしまった望まない絵かもしれないけれど、キャンバスがそこにあって、自分がここにいれば、その絵を活かしながら、自分の望む絵を、自分で描くことができる。

真っ暗で果てのない井戸の底で、遥か遠くの光を見上げてひとりうずくまるような毎日の中、その気づきは、私にとっての出口だったのです。

そのときの気持ちは、希望というものだったのだと思います。

やっと見つけた希望と呼べるその気持ちを忘れたくなくて、いつも身近に置いておきたくて、当時使っていた携帯電話のメールアドレスにしようと思いました。

どんな言葉にしようかと考えたとき、そういえば、様々な道の絵や写真が好きだったのを思い出しました。

人生が絵のようであり、生きることが道を歩くようなことであるならば、油絵のエピソードで気づいた気持ちは、自分の道を描いて歩いていきたい、という願いだと思いました。

道の先にあるものがどんな景色でも、自分で描いた道の先にある景色であるなら、きっと後悔をせずに歩いてゆけると思ったのです。

ふと、Painting My Road（自らの道を描く）という、つづりが浮かび、それから、そのつづりを使い始めました。

2007年にカウンセリングルームを開こうと思ったとき、屋号が必要になりました。

カウンセリングルームの名前を考える中、カウンセラーとして私が願うことはなんだろう、いつでも忘れることのないポリシーはなんだろう、と思ったとき、

ひとは、生きている限り、何度でも自分の望む絵を描くことができる、

それは、いつからでも始めることができる、
そんなことを、カウンセリングの中で自分らしい生き方を模索する方々に伝えたいと、思ったのです。
見過ごすことも、見て見ぬふりをすることもできる、けれど、心の痛みや人生への疑念に向かい合うことを選んだ強いひとたちに、あなたの望む人生はいつでも自分の手で描いてゆけると、伝えたいと思いました。
そこで、Painting My Road の頭文字を一文字ずつ取って、P・M・Rにしました。

心理カウンセラーという仕事は、私が、私自身の願いのためにしている行いです。

この社会に生きる誰もが、自分らしい人生を描き、泣いたり笑ったりしながら生きて欲しい。世界が広く孤独であることは変わらなくても、自分らしい人生を生きるひとがひとり増えてゆけば、そのぶんだけ、社会は色鮮やかになると思っています。

ひとつの価値観や正しさで統一された単一色の世界でなく、様々な色合いが色鮮やかに共存する社会に、私自身も生きていたいと思うのです。

カウンセリングという行いをひとのために、としてしまうと、心理カウンセラーは簡単に傲慢《ごうまん》になれてしまう仕事なので、そのための戒《いまし》めにもしたかったのだと思います。

この孤独な世界の中で、私たちは、とても小さな存在です。

大きな道標《みちしるべ》のように見える誰かの強い価値観や様々な情報に翻弄され、迷い、ときに、抜け出せない迷路に入り込むこともあります。

けれど、生きていれば、必ず道があります。

どんな道でも、あなただけの道を歩くことができます。

誰もが生まれ持った、たったひとつの自由なキャンパスに、たったひとつの絵を描きながら。


担当くださった高部哲男《たかべてつお》さん、たくさんのアシストとフォローを頂きました。編集さんのちからって本当に凄いんだな、と感じることばかりでした。よき編集者の方に見つけて頂けたのは、本当に幸運なことです。

イラストを担当くださった大槻香奈《おおつきかな》さん、たくさんのリクエストにも快く応じてくださり、本の空気感を感じながら素適な絵を描いて頂きました。気持ちを汲《く》んで描いて頂ける描き手の方とお会いできたことも、本当に幸運なことです。

P・M・Rスタッフのみなさま、身近だからこそ忌憚《きたん》のない意見とアドバイスをくれたからこそ、忘れてはいけない大切なことを心の中に置きながら、言葉を書き続けることができました。

大橋勝博《おおはしかつひろ》くんと亡き友人たち、あなたが与えてくれた色鮮やかな世界と、あなたたちが生かしてくれた命があったから、今も元気に生きています。

パンダさん、マイティさん、すぐに落ち込む私に必要な言葉と体温を与えてくれて、美味しいご飯をつくってくれるから、心身共にいつも健康でいられます。

そして、誰よりも、この本を手に取ってくださったあなたへ、心からの感謝を。

こんなにも広く孤独な世界の中で出会ってくださったこと、本当に、ありがとうございます。

これからの未来のどこかで、もしもあなたの道と私の道が交わることがあったなら、ぜひ、あなたのお話を聴かせてください。

あなたが描いてきた絵をご一緒に眺めながら、これまでのあなたの道のりと、これからの道すじのことも。

そんなときが来るのを、心から願い、待っています。

誰もが、自分らしく生きられるように

カウンセリングルームP・M・RはLGBT当事者や周辺家族に向けて心理支援を提供することを理念に、2007年に創業されたカウンセリング事業体。LGBTの心理支援を行う事業体として長い歴史と実績を持ち、延べ1000件以上の心理相談を引き受けてきた。日本国内のみならず海外からも依頼があり、LGBT当事者だけでなく、カミングアウトを受けたご家族、企業の経営者や人事・営業担当者といったビジネスパーソン、教育現場の教員の方々などLGBTにまつわる様々な相談を、多様な人たちから受けている。ゲイ、レズビアン、バイセクシュアル、GID、DSD、アセクシュアル、ノンセクシュアル、ストレート、他、多様なセクシャリティを持つ当事者からの相談に加え、虐待やDV、イジメ、ハラスメント被害などの相談、うつや不安障害等の相談、人間関係や家族との関わりについての相談と、多岐に渡る相談を受けてきた。そういった中で見えてくるのは「生き方」という重要なテーマ。

「時代の変化によってコミュニケーションが複雑化したことで、個人の孤独は深まり、私達は、生きづらさの中にいるのかもしれません。個人として生きづらい時代だからこそ、昨日よりも生きやすい明日を目指すライフサポートとして、私たちはこれからも心理カウンセリングを提供していきたい」と村上氏は語る。

相談者が安心して話せるよう、リビングのようなあたたかい雰囲気の部屋で、カウンセリングを行っている

村上 裕 Murakami Yutaka

ゲイの心理カウンセラー
一般社団法人全国心理業連合会公認
上級プロフェッショナル心理カウンセラー
LGBTQIビジネスコンサルタント

1982年2月17日生まれ、福島県福島市出身。

福島南高等学校にて情報・会計を学び、千葉商科大学にて経営・商学を学んで後、専門学校にて、マイクロカウンセリング理論、来談者中心療法、動物介在療法、芸術療法、等を学ぶ。独立開業後はLGBTQIのサポートに必要と感じ、社会心理学とアドラー心理学を学ぶ。2007年より、東京都中野区にてカウンセリングルームP・M・Rを経営しながら、数百人を超える多種多様なLGBTQI当事者や周辺家族の相談を受ける。また、「セクシュアルマイノリティ当事者が、ありのままに生きる姿を社会に現すこと」を理念にメディア活動も展開しながら、LGBTQIへサービスを提供したい企業や法人に対し、マーケティングやコンサルテーションも行う。

現在は、延べ1,000件以上に及ぶLGBTQIの心理相談を背景に、LGBTQIの心理学講座の開講や、孤立しやすいLGBTQIの周辺家族や友人をサポートする家族会や心のケアワークショップの開催、企業や学校へ向けてのLGBT研修を提供し、心理カウンセラーを目指す個人への直接指導を行う人材育成にも注力しながら、社会の新しい動きから起こる様々な変化に向けて尽力している。

カウンセリングルームP·M·R
〒165-0026 東京都中野区新井 3-17-7-203
TEL：03-6454-0918　Mail：info@pmr-co.com
ブログ：http://paintingmyroad.blog14.fc2.com/
Twitter：https://twitter.com/crpmr
Facebook：https://www.facebook.com/crpmr/

孤独《こどく》な世界《せかい》の歩《ある》き方《かた》

ゲイの心理《しんり》カウンセラーの僕《ぼく》があなたに伝《つた》えたい7つのこと

2017年5月25日　第1刷発行

著者　村上《むらかみ》 裕《ゆたか》

本文DTP　松井和彌

編集　高部哲男

発行人　木村健一

発行所　株式会社イースト・プレス
〒101-0051　東京都千代田区神田神保町2-4-7 久月神田ビル
TEL03-5213-4700　FAX03-5213-4701
http://www.eastpress.co.jp/

印刷所　中央精版印刷株式会社

ISBN978-4-7816-1541-7